Wahrheit und Irrtum

Rudolf Steiner

WAHRHEIT UND IRRTUM

Eine Frage der Toleranz?

Archiati Verlag

Der Wortlaut der im Archiati Verlag gedruckten Vorträge Rudolf Steiners geht auf die ursprünglichen Klartextnachschriften und Erstdrucke zurück, unter Berücksichtigung aller danach erfolgten Veröffentlichungen.

Erste Auflage 2008
(1. bis 5. Tausend)

Herausgeber: Archiati Verlag e. K., Bad Liebenzell
Redaktion: Pietro Archiati, Bad Liebenzell
Korrektorat: Eva Koglin, Ganderkesee
Foto: Rietmann, © Verlag am Goetheanum
Druck: Memminger MedienCentrum, Memmingen

ISBN: 978-3-86772-144-8

Archiati Verlag e. K.
Burghaldenweg 37 · D-75378 Bad Liebenzell
Telefon: (07052) 935284 · Telefax: (07052) 934809
anfrage@archiati-verlag.de · www.archiati-verlag.de

Inhaltsverzeichnis

Vorwort

In der «Einleitung» zu seiner *Phänomenologie des Geistes* wendet sich Hegel gegen die «Furcht zu irren». Wer die Irrtumsfähigkeit des Menschen betont, hat wenig Erfahrung mit dem erkennenden Geist. Solange der Menschengeist im Erkennen, im Licht des Denkens sich bewegt, so Hegel, bleibt der Irrtum ausgeschlossen. Wenn der Irrtum auftaucht, dann deshalb, weil das Element des Denkens oder, wie Hegel es nennt, des Erkennens verlassen worden ist. Irrtümlich oder gedankenlos ist für Hegel vor allem die meist unhinterfragte Annahme, dass das Erkennen ein Mittel sei, das sich von dem, was zu erkennen gilt, unterscheidet. Hegel meint hingegen, dass der Erkennende und das Erkannte im Akt des Erkennens schlechthin ein und dasselbe sind.

Der Mensch irrt nicht als denkender Geist, sondern nur, wenn er sich seelisch «außerhalb» des Denkens bewegt. Ein Irrtum ist nicht ein falsch Gedachtes, sondern ein Mangel an Denken. Es ist wie mit einem Schiff: Wenn es sich «verirrt», dann nicht deshalb, weil der Kompass eine falsche Richtung anzeigt, sondern weil er nicht mehr funktioniert. Ein schadhafter Kompass zeigt niemals eine falsche Richtung an, sondern keine. Die Wirksamkeit des Erdmagnetismus richtet den Zeiger «unfehlbar» nach dem Norden, sie kann niemals eine falsche oder irrtümliche Ausrichtung bewirken.

Oder man nehme das Licht, das schon immer als Bild für das Erkennen, für das Denken gilt. Das Wort Idee geht auf das Griechische «Idein» zurück, das heißt sehen. Das Licht macht die Dinge sichtbar: Das sinnliche Licht verwandelt durch die Augen das Wahrnehmbare in eine Vorstellung und das geistige Licht verwandelt durch das Erkennen das Denkbare in einen Begriff. Wenn wir im Zwielicht oder in der Dämmerung die Dinge nur unklar sehen und Gefahr laufen, uns zu täuschen oder zu irren, dann ist das wiederum nicht dem Licht zuzuschreiben, sondern ganz im Gegenteil seiner Mangelhaftigkeit oder Abwesenheit. Die «Furcht zu irren» ist demzufolge so sinnvoll und so hilfreich wie die Furcht, dass das Licht des Denkens immer dämmerhafter wird, statt eigens dafür zu sorgen, dass es immer leuchtender wird.

Rudolf Steiner bewegt sich ganz und gar auf der Linie des deutschen Idealismus, wenn er wie in diesen Vorträgen die Art und Weise schildert, wie der Irrtum vom Denken ausgeschlossen wird. Er spricht von einer Weiterentwicklung des Denkens, wodurch der Mensch im rein Geistigen subjektive Vorstellung und objektive Wirklichkeit genauso treffsicher voneinander unterscheiden kann wie jeder Mensch ein vorgestelltes glühendes Eisen von einem wirklichen – oder die Kant'schen vorgestellten hundert Taler, die man nicht besitzt, von den realen hundert Talern, mit denen man, wenn man hungrig ist, eine gute Mahlzeit genießen kann. Eine solche Unterscheidung kann nicht nach logischen Schlüssen oder Beweisen vorgenommen werden, sondern allein im Erleben der Wirklichkeit selbst.

In den *Mitteilungen* der Anthroposophischen Gesellschaft in Deutschland vom 4. April 2008 ist in einer Stellungnahme des Vorstands auf S. 15 Folgendes zu lesen: «Rudolf Steiner hat … eine geisteswissenschaftliche Grundlage für eine solche Perspektive geschaffen. Nur Unkenntnis oder Naivität kann leugnen, dass Inhalte und Formen dieser Grundlegung in Teilen zeitbedingt und irrtümlich waren. Zu bedenken ist vielmehr, ‹dass diese Furcht zu irren schon der Irrtum selbst ist› (Hegel in der Einleitung zur ‹Phänomenologie des Geistes›).» Aus dem weiteren Zusammenhang ergibt sich, dass der Kerngedanke des Vorstands ist, dass jeder Mensch unvermeidbar irrt, so auch Rudolf Steiner, insoweit er Mensch ist.

Eine solche Stellungnahme enthält zwei Ungeheuerlichkeiten: Zum einen wird Hegel so gründlich missverstanden, dass man ihn in Bezug auf die Kernaussage seiner Philosophie das genaue Gegenteil sagen lässt. Wenn Hegel schreibt: «… daß diese Furcht zu irren schon der Irrtum selbst ist», so meint er, dass es ein Irrtum ist, zu denken, das Erkennen könne irren. Der Irrtum entsteht nur, wo das Erkennen nicht vorhanden ist. Mangels des Denkens irrt der Mensch, niemals im oder durch das Denken. Die Angst zu irren ist also nichts anderes als die Angst, nicht zu denken oder nicht denken zu können. Denn die Furcht zu irren ist dasjenige, was am allermeisten das Licht der Erkenntnis verdunkelt, was am wirkungsvollsten das Denken benebelt. Dies bringt den Menschen dazu, immer weniger Freude am Denken zu erleben, sich immer mehr vom Leben im Denken zu verabschieden. Dann allerdings irrt er und verirrt sich unentwegt – mangels des inneren Kompasses des Lichtes des Denkens.

Die zweite Ungeheuerlichkeit des erwähnten Zitats liegt in der Aussage, die sich auf Rudolf Steiner bezieht. Die hier abgedruckten Vorträge machen es deutlich, dass nur derjenige eine Aussage über Wahrheit oder Irrtum in Bezug auf die anthroposophisch orientierte Geisteswissenschaft machen kann, der selbst durch Weiterentwicklung des denkenden Geistes alle drei Entwicklungsstufen des Denkens zurückgelegt hat, die hier die imaginative, die inspirative und die intuitive genannt werden (s. Tafelzeichnung auf dem Umschlag). Eine Aussage des Geisteswissenschaftlers, so Steiner, kann jeder prüfen, was bedeutet: Jeder kann ihren Einklang oder ihre Unverträglichkeit mit anderen Aussagen oder Tatsachen zum Beispiel der herkömmlichen Wissenschaft feststellen. Ob sie aber in sich selbst richtig oder falsch, wahr oder irrtümlich ist, das kann nur jemand wissen, der selber ein Forscher im Geistigen ist – jemand, der sozusagen das Licht entzündet hat, wodurch das Sehen und das Denken im rein Geistigen möglich wird.

Wenn Thomas von Aquin behauptet: «Aristoteles irrt nicht», so meint er damit, dass Aristoteles sich in seinen Schriften stets im Element des Denkens bewegt, dass er nirgendwo aus der intuitiven Besonnenheit des Denkens herausfällt. Dies darf jemand behaupten, der wie Thomas den ganzen Aristoteles Satz für Satz kommentiert hat. Heute leben wir unter dem Vorzeichen einer oft falsch verstandenen Toleranz. Es herrscht allerorts das intolerante Dogma, dass jeder Mensch – ganz gleich ob er Aristoteles oder Steiner, Hinz oder Kunz heißt – irren muss. Und ein Zwillingsdogma gebietet, dass es nur unterschiedliche, gleich ehrenwerte Meinungen geben kann, aber keine objektive oder absolute Wahrheit.

Der Beitrag Rudolf Steiners für die moderne Kultur deutet in die entgegengesetzte Richtung. Statt die Fehlbarkeit des Menschen zu betonen, weist er Wege auf, wodurch der Mensch im Denken immer sattelfester wird, um den Wahrheitsgehalt der Welt immer tiefer, immer umfassender zu ergründen.

Pietro Archiati
im Herbst 2008

Erster Vortrag

Das Streben nach Wahrheit
unterwegs von der Ein- zur Allseitigkeit

Köln, 2. Januar 1913

Sehr verehrte Anwesende!

Nachdem ich in dieser Stadt zu wiederholten Malen über Gegenstände der Geistesforschung sprechen durfte, wird es nicht unangemessen sein, einmal die wichtige Frage zu behandeln, woher die Wahrheiten dieser Geistesforschung stammen und wo die Quellen des Irrtums liegen.

Dies muss als etwas Wichtiges gerade im Hinblick auf die übersinnliche Forschung anerkannt werden, da die Orientierung über Wahrheit und Irrtum auf jedem Gebiet des menschlichen Lebens von einer nicht zu bestreitenden Wichtigkeit ist und da auf einem Gebiet, wie leicht einzusehen ist, durch das man sich so sehr in unsichere und leicht Irrtümer herbeiführende Regionen begibt, diese Orientierung von ganz besonderer Notwendigkeit ist.

Geistesforschung führt uns in diejenigen Gebiete, aus denen die allerwichtigsten Fragen und Rätsel des Lebens hervorgehen. Zunächst weniger diejenigen Fragen und Rätsel des Lebens, welche sich aus den verschiedenen Gebieten der Wissenschaft ergeben – die liegen eigentlich, insofern wir es mit Wissenschaft im gewöhnlichen Sinne des Wortes zu tun haben, viel mehr abseits –, als die Fragen und Rätsel der Geistesforschung, die uns sozusagen auf jedem Schritt begegnen, den wir im Leben machen können.

Gewissermaßen können uns diese Rätsel und Fragen des Lebens in jedem Augenblick unseres Daseins beschleichen.

Wenn man Umschau hält über dasjenige, was Geistesforschung aus einem weiten Umkreis her für das Leben geben kann, so schließt sich dies zunächst in *zwei wichtigen Lebensfragen* zusammen:

- In der einen Frage schließt sich das bedeutungsvolle Wort *Schicksal* des Menschen ein,
- in der anderen schließt sich jenes Wort ein, das so eng mit allen Sehnsüchten, mit allen Zweifeln, mit allen Hoffnungen des Menschen zusammenhängt, das Wort *Unsterblichkeit*.

Nicht als ob Geistesforschung mit der Beantwortung der beiden angedeuteten Fragen oder Rätsel erschöpft sei, aber das weite Gebiet dieser Forschung interessiert weite Kreise vor allen Dingen darum, weil sich seine Ergebnisse in eine sachgemäße Beantwortung dieser Fragen zusammenziehen.

Menschliches Schicksal – welche Fragen, welche Rätsel liegen doch in diesen Worten!

Da sehen wir einen Menschen in das Dasein hereingeboren. Wir können aus der wenig sorgenden Umgebung, die er um sich hat, ihm voraussagen, dass Not und Elend sein Dasein begleiten werden. Und wenn wir ihn mit nur geringen geistigen Fähigkeiten und seelischen Eigenschaften heranwachsen sehen, so können wir sagen, dass er vielleicht ein recht wenig nützliches Mitglied der menschlichen Gesellschaft werden wird und dass er in vieler Beziehung vielleicht sich selbst zur Last, seiner Seele zur Qual werden wird.

Auf der anderen Seite sehen wir einen Menschen so in das Leben hereinkommen, dass er von allem Anfang an von sorgenden Händen umgeben ist. Wir sehen vielleicht früh in ihm gewisse ganz besondere Begabungen und Fähigkeiten aufkeimen, und wir können voraussagen, dass er sein Leben in einem glücklichen Dasein verbringen wird, dass er zum nützlichen Glied der menschlichen Gesellschaft werden kann, dass er vielleicht sein Leben in Begeisterung und innerer Beseligung verleben wird.

Das alles legt uns die Frage nach dem Warum nahe, die die äußere Wissenschaft so wenig beantworten kann.

Die andere Frage ist die nach der Unsterblichkeit. Sie tritt uns aus dem Leben heraus allerdings zunächst in einer egoistischen Weise vor die Seele, sodass der Mensch aus seinen Hoffnungen das Fortleben nach diesem Leben begehrt, aus seinen Sehnsüchten, aus einem befriedigten oder unbefriedigten Leben heraus.

Häufig wird diese Frage aus egoistischen Wünschen heraus aufgeworfen, das braucht aber nicht so zu sein. Sie kann so objektiv wissenschaftlich an uns herantreten wie irgendeine andere wissenschaftliche Frage.

Wir sehen dies insbesondere dann, wenn wir bedenken, wie im Laufe des 19. Jahrhunderts immer mehr Menschen mit den alten Traditionen und Überlieferungen brechen mussten. Es sind Menschen, denen nicht nur Zweifel an einem Fortleben des menschlichen Wesens nach dem Tod kamen, sondern die sogar glaubten, die Gewissheit zu haben, dass sich für den Menschen mit dem Tod das Bewusstsein für ewig schließt, das Seelenleben sich darin sozusagen aufgibt.

Solche Menschen gehören oftmals zu geistig hochstehenden Wesen. Solche Menschen sagen sich: «Ich mache nicht Anspruch auf ein egoistisches Fortleben nach dem Tod. Ich kann mich in den Gedanken fügen, dass dasjenige, was ich erarbeitet, erstrebt habe, nach meinem Tod der allgemeinen Menschheit überliefert wird.» Selbstlose Hingabe ihres Erarbeiteten und des erlebten Glücks war ihr Bestreben, wenn sich die Pforte des Todes hinter ihnen schließt.

Gerade einer solchen Weltanschauung gegenüber tritt in einer wahrhaft wissenschaftlichen Weise die Frage der Unsterblichkeit an uns heran. Denn wir können fragen: Verträgt es sich mit all dem, was wir sonst als Gesetzmäßigkeit des Daseins kennen, dass sich die menschliche Wesenheit in ihrem Arbeiten und Streben einem Abschluss nähert, wenn sich die Pforte des Todes schließt?

Aus ethischen Gründen könnte man sich vielleicht mit solcher Hingabe einverstanden erklären. Aber aus der gesetzmäßigen Betrachtung der Weltökonomie ist es anders. Wir brauchen nur ein wenig Empfindung für das zu haben, was in der Welt durch Menschenseelen erarbeitet wird, und wir werden uns sagen:

Im Laufe des Menschenlebens werden gerade durch die Kräfte der Seele selbst wesenhafte, substanzielle Tatsachen geschaffen, Tatsachen die, da die Seele individuell ist, einen individuellen Charakter annehmen. Solche individuellen Schöpfungen, wie sie aus der menschlichen Seele hervorgehen, die können wir nicht, ohne zugeben zu müssen, dass die Weltökonomie einen Bruch hat, ohne Weiteres in dem allgemeinen Strom der Menschheitsentwicklung aufgehen sehen. Denn das müssen wir fühlen: Das Beste, das Edelste, das Wichtigste, was sich unsere Seele erarbeiten kann, ist individuell, ist so, dass nur die eine Seele es in sich erarbeiten kann. Vieles mögen wir an die Allgemeinheit hingeben, unser Bestes aber würde aus der Welt ganz verschwinden, wenn die menschliche Wesenheit aufhören würde, wenn sich die Pforte des Todes schließt.

Ohne Berücksichtigung unserer Wünsche, unserer Hoffnungen, unserer Sehnsüchte stellt sich vor uns hin die Notwendigkeit einer Betrachtung über das Unvergängliche in der Menschennatur gegenüber allem Vergänglichen.

So stellen sich vor unsere Seele diese Fragen. Aber wenn diese Fragen beantwortet werden sollen, so bedarf es einer Wissenschaft, die über das Sinnliche, über die äußere physische Natur hinausgeht.

Denn nichts davon kann uns Antwort geben, warum diese oder jene Tatsachen an uns herantreten, wenn wir ins Leben treten. Die Frage nach dem Schicksal beantwortet uns keine Physik und Naturwissenschaft. Diesen muss es gleichgültig bleiben, wenn sie ihre Tatsachen betrachten, wie diese Tatsachen an Menschenherzen, an Menschenseelen herantreten. Das Warum kann nicht in den Bereich der äußeren Wissenschaft fallen.

Noch weniger kann die Frage nach der Unsterblichkeit dareinfallen, da die Wissenschaft von Verstandesbegriffen, die an das Instrument des Gehirns gebunden sind, abhängt. Was sie beobachten kann, hört mit dem Tod auf, entschwindet mit dem Tod. Wenn sie nicht hereindringen kann in das Unvergängliche der Menschennatur, so sehen wir keine Hoffnung, die Frage nach der Unsterblichkeit von ihr beantwortet zu sehen.

Die Art und Weise aber, wie in der Gegenwart versucht wird, für solche Fragen die Beantwortung zu finden, erfreut sich allerdings in dieser Gegenwart keineswegs einer allgemeinen Beliebtheit. Vorurteil über Vorurteil kommt einer geistesforscherischen Tätigkeit entgegen.

Und vielleicht werden sich aus diesen Vorträgen selbst die Gründe ergeben, warum in den weitesten Kreisen der Gegenwart so viel Widerstand – man darf sagen, nicht nur theoretischer Widerstand, sondern sogar Gehässigkeit – gegen das aufgebracht wird, was sich in wissenschaftlicher Weise als Geistesforschung in die Kultur hereinstellt, um die charakterisierten Lebensrätsel zur Lösung zu bringen und manches andere zu finden, was damit zusammenhängt.

Heute soll davon gesprochen werden, wie der Mensch in die Lage kommt, wirklich in die Welten hineinzuschauen, aus denen sich die Antwort auf solche Fragen ergibt.

Mit den gewöhnlichen Kräften, mit denen wir die äußere Welt erkennen, ist in dieser Welt nicht zurechtzukommen. Wäre der Mensch nicht fähig, andere Kräfte als die gewöhnlichen Erkenntniskräfte zu entwickeln, so gäbe es für ihn keine Möglichkeit, in solche Welten einzudringen. Alle Fragen drängen sich in der einen Frage zusammen:

> Gibt es für den Menschen eine Möglichkeit, andere Erkenntniskräfte zu entwickeln, als die sind, deren sich die Wissenschaft bedient, die in der Beobachtung der Sinne und des an das Gehirn gebundenen Verstandes erschöpft sind?

Wenn der Mensch nur ein Sinneswesen wäre, unmöglich könnte es solche Kräfte geben.

Nur derjenige kann zur Annahme von solchen Kräften kommen, der da zugibt, dass dem Sinnesleib des Menschen, den man mit Augen sehen, mit Händen greifen kann, eine andere Wesenheit, eine übersinnliche Wesenheit beigeordnet, beigesetzt ist, der da zugibt, dass die sinnliche Wesenheit des Menschen von einer übersinnlichen durchdrungen ist.

Und im Grunde genommen gibt schon eine sehr alltägliche Betrachtung eine logische Gewissheit, dass es so ist. Jene Betrachtung, die nur selten angestellt wird, weil der Mensch das, was er immer erlebt, nicht für wert hält, einer besonderen Beobachtung zu unterziehen.

Das Rätsel des Todes bleibt für den Menschen interessant, weil er unerwartet, plötzlich, erschreckend vor ihn tritt. Das aber, was täglich in derselben Weise auftritt, der Wechselzustand zwischen Wachen und Schlafen, das wird weniger beachtet. Da tritt nichts an den Menschen heran, was die Ungewissheit in ihm erweckt, weil in diesen Wechselzuständen für ihn immer wieder dasselbe auftritt. Für den aber, der sich einer tieferen Lebensbeobachtung unterziehen will, für den wird gerade dieser Wechselzustand von besonderer Bedeutung.

Da können wir sagen: Wäre es nicht schon logisch gesehen absurd, zu denken, dass das, was sich in der Seele vom

Morgen bis zum Abend an Leidenschaften, Trieben und Begierden, an Sehnsüchten und Hoffnungen, an Vorstellungen und Ideen abspielt, dass das alles mit dem Einschlafen ins Nichts hinuntersinkt und sich mit dem Aufwachen aus dem Nichts wiederum erschafft?

Das wäre absurd. Dennoch wird keine äußere Sinnesbeobachtung, kein Verstand, der an das Gehirn gebunden ist, in dem schlafenden Menschenleib jemals dasjenige finden, was in der Seele während des Wachzustands auf- und abwogt.

So kann zunächst wenigstens die Hypothese hingestellt werden, dass ein Geistiges in der Menschennatur ist, das im Schlaf dieselbe verlässt und beim Aufwachen wieder hineinzieht. Wenn die menschliche Leiblichkeit von dem Seelischen verlassen wird, zieht diese innere Wesenheit während des Schlafes in geistige Welten hinein. Wenn der Schlaf vorbei ist, kommt das Geistige wieder aus der geistigen Welt in die Leiblichkeit.

Das kann nicht mit dem Verstand beobachtet werden, doch wird sich dies ergeben, wenn man nur logisch denkt. Nun kann natürlich eine solche Annahme nur dann gelten, nur dann überzeugen, wenn man jenem Unsichtbaren, was beim Schlaf aus dem Menschenleib heraustritt, beikommen kann, wenn man seine reale Wirklichkeit nachweisen kann. Wie das geschieht, das soll uns nun beschäftigen.

Beobachten wir einmal den Menschen, wie er sich der Betrachtung darbietet, wenn er schläft.

Wir werden unfähig, unsere äußeren Glieder zu bewegen. Alle Sinne ersterben, die Leiblichkeit wird von einer Schwere befallen, die Kräfte werden ihr entzogen, die sie im Wachzustand hat. Wir sehen beim Einschlafen sozusagen unseren Körper uns entfallen. Aber wir nehmen auch wahr, wie mit diesem Entfallen der Leiblichkeit das Bewusstsein erstirbt, wie es langsam herabdämmert und nachher von vollständiger Finsternis und Dunkelheit umgeben ist.

Wenn aber doch das Geistig-Seelische vorhanden ist, das während des Tages das Leibliche durchzieht, dann müssen wir sagen: Dieses Geistig-Seelische ist nicht befähigt, während des Schlafes innerliche Kräfte zu entwickeln, nicht einmal solche Kräfte, dass es ein inneres Wissen von sich selbst haben kann.

Es ist im normalen Menschenleben so schwach, dass es sein Selbst nicht gewahr werden kann, wenn es nicht das Instrument der Leiblichkeit hat. Ist ein solches Geistig-Seelisches vorhanden, dafür real vorhanden, dass es fühlt, dass ihm der Leib abhandenkommt, dann müssen wir sagen, dieses ist von einer solchen Beschaffenheit, dass es das Werkzeug des Leibes braucht, um Bewusstsein zu entwickeln, um Kräfte hervorzurufen. Und wenn es sich selbst überlassen ist, ist es nicht stark genug, ein inneres Leben zu entwickeln. Es kann dies nur, wenn es sich dem Widerstand der Leiblichkeit entgegenstellt.

Damit ist aber nicht gesagt, dass ein Beweis für sein Dasein erbracht ist. Dieser Beweis wird erst erbracht, wenn der Mensch dazu gelangt, dieses Innerliche, das sich sonst der Leiblichkeit bedient, dieses Innerliche so kräftig zu machen, dass es auch ohne das Leibliche inneres Leben, bewusstes Leben entwickeln kann.

Für den Beweis des Geistig-Seelischen hängt alles davon ab, dass der Mensch in die Lage kommt, ohne Zuhilfenahme der äußeren Leiblichkeit, der sinnlichen Wahrnehmungen, ein Geistesleben zu entwickeln.

Was wäre mit einem solchen Geistesleben gegeben? Es wäre damit etwas gegeben, was dem Schlaf ähnlich und doch wieder davon verschieden ist.

Wenn wir einschlafen, dann fühlen wir, wie das innere Leben aufhört, wie das Bewusstsein hinschwindet. Es schwindet hin, weil die äußeren Sinneseindrücke schweigen. Wir müssten diesen Moment künstlich, durch Willkür herbeirufen, das heißt, die äußeren Sinneseindrücke zum Schweigen bringen und dennoch einen Zustand herbeiführen, der nicht Bewusstlosigkeit ist, sondern der Bewusstsein ist.

So wäre dieser Zustand dadurch ähnlich dem Schlaf, dass wir allen äußeren Sinnen und dem Gehirn Stillstand gebieten – und doch nicht Bewusstlosigkeit eintritt. Diesen Zustand muss der Geistesforscher bei sich herbeiführen.

Wir werden das am besten begreifen, wenn wir ihn mit einem anderen Zustand vergleichen, der ähnlich und doch wieder ganz verschieden ist.

Wenn der Mensch fähig wird, außerhalb seines Leibes geistig-seelische Kräfte zu entwickeln, in einer geistigen Welt wahrzunehmen, dann dringt er in eine Welt hinein, die jenseits des an das Gehirn gebundenen Verstandes, jenseits der Sinne liegt. Dann spricht zu ihm, in seine Wesenheit hinein, eine übersinnliche Welt, wie die Sinne in seine Wesenheit hineinsprechen, wenn er sich der Sinne bedient. Dadurch wird der Mensch ein Geistesforscher.

Könnte eine solche Welt so erfahren werden, dann wäre das ein Eindringen des Menschen in die geistige Welt. Dann wäre der Beweis geliefert, dass allem Äußerlich-Sichtbaren ein Geistiges zugrunde liegt. Wenn dies aber der Fall ist, so muss dieses Geistige immer da sein, dann muss der sichtbaren Welt, die uns umgibt, ein Geistiges zugrunde liegen. Dass es sich nicht zeigt, liegt nur daran, weil wir es nicht wahrnehmen können. Es geht uns mit der unsichtbaren geistigen Welt wie dem Blinden mit den Farben.

Nun gibt es einen Zustand, der für die Geisteswissenschaft nicht in Betracht kommt, der von ihr nicht angewendet wird, der uns aber in der Gegenwart zum Verständnis des eigentlichen geisteswissenschaftlichen Zustandes dienen kann und den man gewöhnlich mit dem Ausdruck *Mediumismus* bezeichnet.

Ich bitte, mich nicht misszuverstehen: Der Mensch als Medium ist *nicht,* wie es der Geistesforscher wünscht, zu einem Ergebnis zu kommen.

Wodurch wird die menschliche Natur zum Medium? Das mediale Erleben wird dadurch herbeigeführt, dass die gewöhnlichen Äußerungen der Seele, das Willensleben, das Empfindungsleben, durch irgendwelche Vorgänge zurückgedrängt werden, sodass der Mensch wie in eine Art Schlafzustand versetzt ist. Unter gewissen Verhältnissen kann aber dann doch die menschliche Natur veranlasst werden, ohne dass sie davon etwas weiß, ohne dass sie die Vorgänge mit Bewusstsein verfolgt, Äußerungen zu tun, sogar zu sprechen und zu schreiben.

Es können also geistige Äußerungen erfolgen, die nur einer geistigen Wesenheit zuzuschreiben sind, deren Intelligenz herabgestimmt ist. Auch nicht anempfohlen soll das werden, was man die Heranbildung mediumistischer Eigenschaften nennt. Sie sind ja bei manchen Persönlichkeiten auch ohne besondere Ausbildung vorhanden.

Betrachten wir noch einmal, was mit einem Menschen geschieht, der auf diese Weise als Medium zu geistigen Äußerungen kommt.

Da wird sein eigenes Seelenleben, das heißt das bewusste Seelenleben, herabgestimmt, ganz ausgelöscht. Er weiß nichts von seinen Offenbarungen. Wir finden da etwas, was sonst nur aus der bewussten Seele kommen kann.

Da können wir sagen, wir sehen wie das, was die alltägliche Äußerung ist, sich wie ein Schleier über die unterbewusste Seelentätigkeit ausbreitet, die ihrerseits mit der Leiblichkeit verknüpft ist und sich dann äußert, wenn die bewusste Seelentätigkeit unterdrückt wird. Es ruht in der Tiefe der menschlichen Natur Seelentätigkeit. Wir können sie herausholen, wenn wir die bewusste Seelentätigkeit ganz passiv machen.

Das ist nicht der Weg der Geisteswissenschaft. Er zeigt uns aber wie nicht allein da, wo Bewusstsein ist, Seelentätigkeit ist, sondern wie Geistig-Seelisches in der Menschennatur ist, das sich zeigt, wenn wir das Bewusstsein herabdrücken.

Dieser Vorgang, der das Medium hervorbringt, ist genau entgegengesetzt dem, was für den Geistesforscher eintreten muss: Während

- für das *Medium* die Seelentätigkeit herabgedämpft wird, muss
- für den *Geistesforscher* gerade die Bewusstheit, die innerlich regsame Tätigkeit erhöht, erkräftigt werden.

Und das geschieht dadurch, dass der Mensch intensive Seelenvorgänge hervorruft, Seelenvorgänge, welche man gewöhnlich mit den Worten Konzentration des Denkens, Meditation oder auch Kontemplation bezeichnet. Diese Vorgänge, die wir näher erklären wollen, die verlaufen in einem innerlich regen Geistesleben und führen endlich gewisse Zustände in der Seele herbei, die drei Stufen darstellen, drei Stufen, über die man zum vollen Eintreten in die geistigen Welten hinaufsteigt.

Ich bitte, sich nicht an Worten zu stoßen. Die Worte, die hier gebraucht werden, werden nicht in dem Sinne gebraucht wie im gewöhnlichen Leben, wo sie nicht gern gehört werden. Man darf also nichts anderes darunter verstehen, als was ich nachher erklären werde. Wir können die *drei Stufen* bezeichnen mit

- *Imagination,*
- *Inspiration* und
- *Intuition.*

Alle diese drei Stufen werden erreicht durch eine Erhöhung des seelischen Lebens, durch eine innerliche Erstarkung.

Wenn der Mensch im gewöhnlichen, alltäglichen Leben mit der Natur und mit anderen Menschen zusammenlebt, bekommt er seine Eindrücke durch die Sinne und verarbeitet sie dann mit dem Verstand. Da ist der Mensch vor allen Dingen darauf bedacht, dass das, was er sich vorstellt, empfindet und fühlt, den äußeren Dingen entspricht. Er bildet sich solche Vorstellungen, denen er das Kennzeichen der Wahrheit durch Übereinstimmung mit der Außenwelt beilegen kann.

Solange er in diesem Zustand bleibt, kann sich ein innerlich-seelisches Leben allerdings nicht herausbilden. Es muss eine gewisse Konzentration, eine Meditation, das heißt eine Versenkung, eine Vertiefung eintreten.

Damit wir nicht im Abstrakten herumreden, soll kurz möglichst bestimmt charakterisiert werden, wie ein solches innerliches Erregen höherer Geisteskräfte erzielt wird. (Es wird verwiesen auf *Wie erlangt man Erkenntnisse der höheren Welten?* Das, was in diesem Buch geschildert ist, soll hier angedeutet werden.)

Das *konzentrierte Denken* verläuft so, dass man zunächst versucht, frei zu werden von allen äußeren Sinneseindrücken, dass man starke Kräfte entwickelt, um die Augen vor Farben und Licht zu bewahren. Alle Sinneseindrücke müssen unterdrückt werden, sodass man ganz unaufmerksam und interesselos für die Außenwelt wird.

Dann bringt man durch besondere Schulung des Willens alles das zum Schweigen, was sich im Laufe des Lebens an Erinnerungsvorstellungen aufgespeichert hat. Man versucht frei zu werden von allen Sorgen und Leid. Man versucht mit einem Wort, in sich zu sein. Welche Übung des Willens dazugehört, einen solchen Zustand zu finden, ersehen Sie ebenfalls aus meinem Buch.

Es ist möglich, den Willen so stark zu machen, dass die äußere Sinnestätigkeit und auch der Verstand schweigt. Ebenso wie man im gewöhnlichen Leben lernen kann, die

Aufmerksamkeit von Gegenständen abzuwenden, so kann man durch Erstarkung der Willenskräfte willkürlich alle Eindrücke von außen unterdrücken.

Dann hat man auf der einen Seite einen Moment herbeigeführt, der dem Einschlafen ähnlich ist. Es darf aber nicht zur Bewusstlosigkeit kommen. Das wird dadurch erreicht, dass man durch die Kraft der Seele Vorstellungen in die eigene Seele hereinnimmt, die man sich selbst zubereitet hat. Am besten sind solche Vorstellungen, die keinen äußeren Vorgängen, keinen äußeren Dingen entsprechen.

Wir wollen gleich eine solche besondere Vorstellung vor unsere Seele hinstellen, eine Vorstellung, die eine von vielen Tausenden ist, die der Geistesforscher bei sich anwendet, die aber das Prinzipielle zeigen kann.

Der Mensch denkt sich, er hat zwei Gläser vor sich, das eine halb gefüllt mit Wasser, das andere leer. Er gießt, so wollen wir uns vorstellen, aus dem gefüllten Glas etwas Wasser in das leere hinein. Aber dadurch wird das gefüllte Glas nicht immer leerer und leerer, sondern immer voller und voller, und je mehr wir ausgießen, desto voller wird es.

Es ist eine absurde Vorstellung! Aber es kann eine sinnbildliche Vorstellung für etwas sein, was uns rätselhaft im Leben entgegentritt.

Das, was hier gemeint ist, das ist, was wir *die Liebe* nennen. Die liebende Seele, die liebevoll dem Bedürftigen gibt, die nur sich selbst hingibt, das hingibt, was in ihr enthalten ist, wird sie deshalb leerer?

Nein: Das, was aus Liebe gegeben ist, macht uns immer voller und reicher. Das ist die Eigenschaft der Liebe, dass wir unser eigenes Wesen hingeben und doch immer reicher und reicher werden.

Wenn wir uns diese Eigenschaft der Liebe durch das eben charakterisierte Symbol der Wassergläser vorstellen, dann haben wir etwas Ähnliches wie in der Geometrie getan.

Betrachten wir eine kreisförmige Medaille. Wir können sie aus der Hand legen und uns danach die Kreisform vorstellen. Man kann also mit dem substanziellen Inhalt eines Dinges ganz unbekannt sein, aber man kann die Kreisnatur ins Auge fassen und aufzeichnen und ganz davon absehen, was man vor sich hat.

In dem Kreis wird einem alles klar, was sich auf die Kreisnatur bezieht. Man hat etwas, was an diesem Ding ist, sinnbildlich herausgeholt. Man stellt sich so in der Geometrie Dinge vor, und dies macht man auch in der Geistesforschung in einem höheren Sinne.

Man holt heraus aus einem Vorgang, wie die Liebe ist, die so Geheimnisvolles und Unergründliches in sich schließt, dass kein menschliches Wesen es ausschöpfen kann, man nimmt heraus die Eigenschaft des Immer-reicher-Werdens und man richtet die Seele auf dieses Sinnbild. Man kann sich auch andere Sinnbilder bilden.

Solche Sinnbilder sind für das meditative Leben besser als Vorstellungen, die aus der äußeren Welt genommen sind – in diesen hängt die Seele noch immer an der äußeren Welt. Wenn wir uns aber solche Sinnbilder wählen, die mit der äußeren Welt nichts zu tun haben, dann können wir durch Ablenkung von allem Äußeren in unserem Inneren leben. Wir leben dort, wenn wir alle unsere Seelenkräfte eine Weile auf das eine Sinnbild hinlenken.

Wir können zu einer solchen inneren Arbeit auch andere Sinnbilder verwenden, und der Geistesforscher hat eine solche Übung tausendmal zu machen.

Weisheit als solche ist nicht «leuchtend», aber vorstellen können wir sie uns unter dem Bild einer leuchtenden Sonne und uns dem Sinnbild hingeben, das auch die Idee der innerlichen Wärme ausdrückt. Wir können dabei etwas erleben, was wir bei der Vorstellung der innerlichen Weisheit empfinden. Wir können uns auch die in der Welt sich ausbreitende Wärme für die Liebe vorstellen. Viele, viele Beispiele solcher Sinnbilder könnten genannt werden.

Da könnte nun leicht jemand kommen und sagen: «Da will also der Geistesforscher sich Vorstellungen hingeben, die nicht wahr sind.» Sie sind aber auch nicht dazu da, um etwas Äußeres abzubilden. Sie wollen das nicht, sondern sie wollen das Seelenleben in sich zur Regsamkeit bringen.

Während wir sonst im Alltagsleben oder mit wissenschaftlichen Dingen beschäftigt in unserer Seele vielleicht einen Inhalt haben, den wir nicht überschauen können, während da unser Seelenleben über vieles verteilt ist, ziehen wir in der Meditation alle Kräfte unserer Seele zusammen, heften sie auf diese eine Vorstellung. Dadurch wird sie besonders stark, wenn wir uns bemühen, an dieser Vorstellung haften zu bleiben, längere Zeit nichts anderes in die Seele einzulassen.

Zur wirklichen Ausführung der Sache sind umfassende innere Maßnahmen nötig, die man auch in meinem Buch findet. Besonders wirksam sind moralische Empfindungen und Willensimpulse, welche die Seele sich sinnbildlich vergegenwärtigt und denen sie sich mit derselben Liebe hingibt, mit demselben Enthusiasmus, die sonst durch Dinge erweckt werden, die von außen uns anregen und einen Eindruck auf uns machen.

Alle Schulung zur wahren Geistesforschung beruht auf dieser Art Erstarkung des inneren Lebens, auf einer Zusammensammlung alles Seelischen in eine einzige Vorstellung. Das ist Meditation.

Und diese Meditation erhebt sich zur Kontemplation, wenn wir in die Lage kommen, längere Zeit lebensvoll in einem solchen inneren Seeleninhalt uns aufzuhalten, wie wir sonst mit der Leiblichkeit in einem behaglichen Raum sind. Wenn wir dazu kommen, uns ebenso bewusst in einen solchen willkürlich herbeigeführten Seelenzustand zu bringen, dann leben wir in innerlicher Kontemplation.

Dadurch wird dasjenige, was in der menschlichen Natur nicht auf das Werkzeug der Leiblichkeit angewiesen ist, innerlich regsam gemacht. Damit ist der reale Beweis geliefert, dass es ein solches innerlich Geistiges gibt. Damit nähert man sich dem Beweis, dass es etwas Reales ist, was sich im Schlaf zurückzieht, und dass es nur im gewöhnlichen Leben zu schwach ist, sich aber innerlich belebt zeigt, wenn wir es durch solche Übungen wie die geschilderten zu innerer Regsamkeit bringen.

Wenn dies der Mensch eine Weile geübt hat, dann kommt er so weit, dass er auch dann, wenn er nicht künstlich solche Bilder hervorruft, sich nicht künstlich diese Sinnbilder hinzaubert, sein inneres Leben so zubereitet findet, dass es aus dem Untergrund heraus solche Bilder erzeugt.

Das ist ein wichtiger Moment, das ist wie eine Wiedergeburt des Seelenlebens, wenn wir, ohne dass wir es künstlich herbeiführen, aus dem Untergrund unserer Seele heraufsteigen sehen Bilder über Bilder, die wie eine zweite Welt, eine Welt außerhalb der Welt vor uns erstehen.

Jetzt aber beginnt das, was wichtig ist, damit der Mensch zu Wahrheiten und nicht zu Irrtümern der Geistesforschung geführt wird.

Es steigt eine Welt von Bildern aus dem Untergrund der Seele auf, eine Welt von Bildern, die derjenige, der mit diesen Dingen nicht bekannt ist, wohl aber mit der heutigen

Anschauung solcher Verhältnisse, als Visionen, Halluzinationen, als Wahnvorstellungen nehmen wird.

Die heutige Anschauung glaubt in solchen Dingen, die über das gewöhnliche Leben hinausgehen, nur Pathologisches wahrnehmen zu können. Darin besteht aber der Weg der Geistesforschung zur Wahrheit, dass diese nur aus einem geübten Seelenleben hervorgehen kann, das auch auf seelischem Gebiet zwischen Wahnvorstellung und Wirklichkeit zu unterscheiden weiß.

Daher muss eine jede wirkliche Schulung zur Geistesforschung dahin führen, dass in dem Moment, wo das Geschilderte eintritt, ein *kräftiger innerer Willensentschluss* in dem Menschen gefasst werden kann, der ein Geistesforscher werden will, ein Entschluss, der gerade dann nicht vorhanden sein wird, wenn der Zustand krankhaft auftritt. Das kann man schon bei der Beobachtung des gewöhnlichen Lebens sehen.

Viele von Ihnen werden es schon bemerkt haben, wie Menschen von krankhaftem Seelenleben, wenn sie Wahnvorstellungen haben, gerade von der Wahrheit, von der Wirklichkeit ihrer eigenen Vorstellungen weit mehr überzeugt sind als von der Wirklichkeit der Außenwelt. Es ist sonst leicht, Menschen von ihrer Überzeugung abzubringen; bei jemand aber, dessen Seelenleben ein krankhaftes ist, wäre das eine vergebliche Mühe. Was tritt denn da ein?

Es tritt etwas ein, was der Mensch durch die Kraft seines eigenen Seelenlebens vor sich hingestellt hat. Das liebt er aus einem energischen Gefühl heraus. Er bringt in seiner Vorstellung auch die Sehnsucht mit, dass das Realität sei, und es baut sich vor ihm eine Welt auf, die er aber nur selbst aufgestellt hat. Solange der Mensch eine solche Welt als Wahrheit nimmt, kann er nicht Geistesforscher werden.

Ein solch starker Willensentschluss ist notwendig, wenn durch Meditationsschulung die Bilder auftauchen, die wir Imaginationen nennen, ein starker Entschluss ist nötig, der gerade kranken Vorstellungen entgegengesetzt ist und der sich sagt:

> Alles das, was du als eine Welt von Bildern auch ohne dein Zutun in dir aufsteigen fühlst, ist nichts anderes als ein Spiegelbild deines eigenen Seelenlebens. Was du in dir hast, hast du durch deine Anstrengung hervorgeholt, das stellt sich vor dich hin. Es sind nichts als Schattenbilder deiner eigenen Wesenheit.

Und nicht nur die Fähigkeit gehört zum Geistesforscher, dass er es bis dahin zu bringen vermag, dass Imaginationen auftreten: Wichtiger ist die starke Willensschulung gegenüber dieser Welt, auch gegenüber Bildern von berückender Schönheit immer festzuhalten, dass sie nur Schattenbilder des eigenen Selbst sind.

Dieser Fehler wird von denjenigen, die nicht durch eine richtige Schulung gegangen sind und durch irgendwelche Veranlassung zu einem gewissen innerlichen Schauen von Bildern kommen, immer wieder gemacht: Sie halten diese Welt für eine reale Welt, weil sie eine schöne sein kann, weil der Mensch sich in ihr beglückt fühlt.

Auf eine solche Vorstellungsart muss der Geistesforscher verzichten können. Das, was sich im Verlauf der Schulung heranbilden muss, ist dieser starke Entschluss.

Und wenn dann dieser Entschluss selbst zu einer Art Meditation gemacht wird, wenn man sich immer wieder in diesen Entschluss versenkt und alle Seelenkräfte darauf verwendet, das alles als Schattenbilder anzusehen, dann verstärkt sich dieser Entschluss und man bekommt die Fähigkeit, die *imaginative Welt wieder auszutilgen.* Man kann sie durch innere Kraft wieder auslöschen. Dann hat man eine wichtige Stufe der Geistesforschung erreicht.

Das, was man da erreichen kann, ist Folgendes: Man kann sagen, es lässt sich mit dem vergleichen, was man im gewöhnlichen Leben das Vergessen unserer Gedanken nennt.

Wir wissen, dass alles, was wir erfahren haben, in unserem Bewusstsein ruht. Wie könnte der Mensch auch leben, wenn alle seine Erfahrungen, Schmerzen und Freuden dem Gedächtnis immer gegenwärtig wären? Aber wir wissen, dass längst Vergessenes von Zeit zu Zeit wieder in die Seele heraufgerufen werden kann.

Wie eine Vorstellung des gewöhnlichen Lebens, die ins Vergessen hinuntertaucht, so muss durch den starken Willensentschluss die ganze Imaginationswelt ins Vergessen, ins Unbewusste gedrängt werden.

Dies bedarf einer starken Herrschaft des Menschen über sich selbst, denn der Mensch ist innig verwachsen mit dem, was er durch seine Kraft hervorgebracht hat. Er hat einen starken Sieg über sich erfochten, wenn er alles das, was er auf der ersten Stufe der geistigen Erkenntnis hervorgebracht hat, wieder auszulöschen vermag.

Dann erst leben wir in unserem wahren Selbst, dann haben wir stärkere Kräfte als vorher in uns entwickelt. Wenn wir das nicht können, wissen wir, dass wir noch zu schwach sind, um wirklich in die geistige Welt einzudringen. Wahrheit in der geistigen Welt zu erleben ist nur möglich, wenn die Erlebnisse anhand einer geisteswissenschaftlichen Schulung herbeigeführt werden.

Wenn uns dies gelungen ist, dann kommen in einer ganz anderen Weise diejenigen Bilder wieder herauf. Wie vergessene Vorstellungen wieder heraufkommen, obwohl in gleicher Art, wie sie waren, so kommen die Imaginationen wieder herauf, aber verändert.

Vorher waren sie Bilder, visionäre oder fantastische Bilder, nachher kommen sie so herauf, dass wir wissen, wir haben es jetzt mit einer realen Welt zu tun, mit einer übersinnlichen Welt. Vorher waren es Bilder, jetzt sind es Vorgänge, die real sind wie die Vorgänge der Sinneswelt.

Nun könnte jemand sagen: Man kann sich da erst recht einer Selbstsuggestion hingeben. Was gibt uns Gewähr, dass die Dinge real sind, wenn wir so Herr über uns geworden sind?

Ja, es ist die Art, wie wir die Dinge erleben! Nichts anderes kann uns Gewähr geben. Aber es ist dies die gleiche Art, die uns auch Gewähr gibt für die Wirklichkeit des äußeren, sinnlichen Lebens. Es gibt keine anderen Beweise.

Man kann dies am besten ermessen, wenn man auf den Hauptfehler bei Schopenhauer aufmerksam macht. Man kann einen Geist wie Schopenhauer voll anerkennen, auch wenn man auf seinen Hauptfehler aufmerksam macht. Wenn er davon spricht, dass die Welt um uns nur in unserer Vorstellung sei, dann macht er diesen Fehler.

Man kann wohl unterscheiden in der Welt, aber nur wie das Leben unterscheidet, ob irgendetwas Vorstellung oder Wirklichkeit ist. Man stelle sich einmal glühendes Eisen vor: Man wird sich daran nicht verbrennen. Aber wenn man das wirkliche glühende Eisen in der Wahrnehmung hat und berührt, so verbrennt man sich daran.

Nichts als das Erleben kann uns die Wirklichkeit beweisen. Volles Erleben, dieses allein gibt den Beweis der Wirklichkeit.

Es ist gesagt worden: Warum soll das, was uns vor die Seele tritt, nicht Suggestion sein, da der Mensch sich doch so leicht Suggestionen hingibt. Man kann sich denken, Limonade zu trinken. Da liegt keine Wirklichkeit vor, aber der Mensch genießt den Geschmack der Limonade wie Wirklichkeit.

Man kann das zugeben, aber es handelt sich um ein teilweises Erleben, nicht um ein volles Erleben. Den «Geschmack» kann man dabei erleben, aber der Durst wird nicht gelöscht. Das volle Erleben, das Durstlöschen, setzt die Wirklichkeit, nicht nur die Vorstellung voraus.

Wie der Mensch in der äußeren Sinneswelt nur durch das Erleben den Beweis der Wirklichkeit erhalten kann, so erhält er nur durch strenge geisteswissenschaftliche Schulung die Fähigkeit, zwischen Wirklichkeit und Täuschung in der geistigen Welt zu unterscheiden.

Auf die geschilderte Art und Weise kommt der Geistesforscher auf eine Stufe, wo er einer neuen Art von Wesen, von Tatsachen gegenübersteht, die hinter der Sinneswelt stehen. Durch eine Kräftigung des Seelenlebens werden dem Menschen in dem eigenen Seelenleben wirklich geistige Augen geschaffen, damit er eine neue Welt findet.

Auch in Bezug auf sein eigenes Leben kann der Mensch nur auf eine solche Art von den Imaginationen zur Wirklichkeit kommen. Wenn der Mensch sich zunächst solche Imaginationen, wie sie geschildert worden sind, mit Bezug auf sein eigenes Leben bildet, wenn er sich sinnbildlich dieses oder jenes vorstellt, was er erlebt hat, wenn er sich meditativ in sein eigenes bisheriges Leben vertieft, so kann dieses Leben in einer Art von Bildern vor seine Seele treten.

Wenn er dann in der Lage ist, über diese Bilder Herr zu werden, wenn er gerade dadurch, dass er sein Leben vor die Seele zaubert, dieses Leben auslöschen kann, hat er den Sieg über sich selbst gewonnen. Wenn er äußerlich etwas auftreten sieht, was er real ist, aber er hat alles ausgelöscht, was mit seinem jetzigen Leben zusammenhängt, wenn er diesen Vorgang verfolgt, kommt er zu etwas, was zu ihm gehört, aber nicht zu seinem gegenwärtigen Leben.

Da steigt er tatsächlich zu dem empor, was wir sein früheres Erdenleben nennen. Er gelangt zu der Erkenntnis seiner *früheren Erdenleben.* Denn dazu führt uns Geisteswissenschaft, dass sie uns zu unseren früheren Erdenleben führt und dadurch uns den Beweis liefert, dass unser gesamtes Leben in wiederholten Erdenleben und in den Zwischenzeiten im rein Geistigen verläuft.

Diese Idee mag dem Gegenwartsbewusstsein unsympathisch sein, sie ist aber etwas, was in unsere Kultur eindringen wird. Dann aber löst sich die Frage nach dem Schicksal in einer sehr merkwürdigen Weise auf, dadurch, dass wir wissen, wir leben nicht zum ersten Mal mit diesem Leben, und wir haben noch viele Erdenleben vor uns. Damals haben wir uns selbst zubereitet, was jetzt unser Schicksal bestimmt.

Und es gewinnt die Frage nach der Unsterblichkeit ihre richtige Beleuchtung, wenn wir auf die Pforte des Todes so hinschauen, dass wir sie durchschreiten und dann in einer rein geistigen Welt leben, um mit all dem, was wir uns angeeignet haben, wieder in ein neues Erdenleben einzutreten, das die Früchte des früheren Lebens zeitigt.

Dann reden wir nicht im Allgemeinen von einer Unsterblichkeit, die sich (in Wirklichkeit) Glied für Glied zusammensetzt. Wir gewinnen aus der Sicherheit, dass wir das eigene Leben sehen, gewisse Fähigkeiten, die einsehen lehren, dass sich ein anderes und wieder ein anderes Leben anschließen muss.

So führt uns echte Geistesforschung zur Wahrheit, aber da muss der rechte Weg im angedeuteten Sinne eingeschlagen werden.

Alle solche Erkenntnis führt dann weiter zu jener Stufe, wo wir nicht bloß das, was in Bildern aufsteigt, schauen, sondern uns auch die Fähigkeit erwirken, sozusagen «unbildlich» zu erleben – zur Stufe der *Inspiration.* Durch sie dringen wir in den Sinn der Dinge und Wesenheiten ein. Und durch die *Intuition,* die nächste Stufe des inneren Erlebens, werden wir eins mit den Dingen, erleben wir das, was als Geistig-Unsichtbares in den Dingen selbst liegt.

Man kann einer solchen Auseinandersetzung gegenüber sagen: Ja, wenn auch der Geistesforscher in eine geistige Welt hineingelangt, sich aus dieser geistigen Welt heraus sagen kann, wie das Schicksalsrätsel zu lösen ist, sich auch sagen kann: Ja, in dir lebt ein Unvergängliches – so gilt das doch nur für den Geistesforscher!

Das ist nicht so: Auch die Wahrheit über die *Natur der Geistesforschung* muss klar werden, wenn sie ein Faktor in unserer Kultur werden soll. Was gewinnt der Geistesforscher, wenn er in höhere Welten kommt?

Er kommt dazu, dass er seinen seelischen Wesenskern erkennt, dass er sich sagen kann: Wenn das Haar erbleicht, wenn der Körper nach und nach verwelkt, dann webt in meinem Inneren ein seelischer Kern, den ich immer stärker und stärker werden fühle, der sich im Leben Kräfte erwirbt, dann in einem Zwischenleben lebt, um dann wieder in einem Erdenleben aufzuleben.

Man kann sagen: Diese Sicherheit kann nur der Geistesforscher erleben. Was haben denn die anderen Menschen davon, die nur ihren Verstand gebrauchen können?

Wenn wir dies erkennen wollen, so müssen wir uns klarmachen, dass alles, was der Geistesforscher bringt, nichts anderes ist als das Erleben der geistigen Welt. Aber es macht sich in ihm sofort ein Drang, ein Trieb geltend: Es ist der, alles das, was man in der geistigen Welt erlebt, in die Vorstellungen der wirklichen (wahrnehmbaren) Welt herunterzuholen.

Der wahre Geistesforscher ist nicht eher von seinem Gang in die geistige Welt befriedigt, bis er in logische Formen das kleiden kann, was er aus den geistigen Welten weiß, so kleiden kann, dass sein Erleben allen Menschen verständlich ist. Und Sicherheit über die Unsterblichkeit, Sicherheit über das Schicksal hat der Geistesforscher nicht eher, bis er sein Erleben in allgemeine Vorstellungen und Begriffe bringen kann.

Wie verhält er sich dann zu seinen Ideen? Er verhält sich so wie ein Maler, der malen lernt, der die Farben behandeln lernt, der alles lernt, was zur Kunst des Malens gehört, sich zu dem Bild verhält, das er auf die Leinwand bringt.

Was der Maler lernt, ist alles zunächst seine Sache. Dann aber ist das Bild vor uns da. Da können zwei Menschen vor diesem Bild stehen. Der eine kann dazu veranlagt sein, alles zu vergeistigen, dann wird er die Geheimnisse verstehen, die der Maler in das Bild hineingelegt hat. Der andere wird in dem Bild nur die Farbenzusammenstellung betrachten.

So wie sich der Maler zu dem Bild verhält und nicht eher zufrieden ist, bis sein Können im Bild liegt, so verhält sich der Geistesforscher seinem Erleben gegenüber, wenn er es in verständlicher Weise anderen Menschen übermittelt hat. Dieses «Bild», wenn es vom wahren Geistesforscher gemalt ist, ist so, dass jeder verständnisvolle Beschauer, der davorsteht, es verstehen kann.

Erklärungen würden nur stören, denn das Bild muss innerlich begriffen werden. Wenn der Mensch nur genug Unbefangenheit und freie Urteilskraft hat, kann er das, was er aufnimmt, hinnehmen als ein «Gedankenbild», in das er sich versenken kann. Er hat dann alles, was der Geistesforscher in der geistigen Welt ergründen konnte.

Darüber muss man sich klar sein, dass darin, was der Geistesforscher in sein Bild legt, nichts ist, was nicht mit dem Verstand, mit den Mitteln gesunden Denkens begriffen werden kann.

Alles, was wir für das Kraftvolle des Lebens brauchen, alles, was wir überhaupt brauchen, kann uns nicht kommen durch die Forschung der Wissenschaft, sondern durch die Geisteswissenschaft, durch das, was wir aufnehmen, wenn der Geistesforscher seine Wahrnehmungen in Ideen darstellt.

Das ist das Eigentümliche, dass der Geistesforscher das, was er für sein Leben braucht, nicht [Lücke in der Nachschrift] sondern was er mit dem einfachen Menschen gemeinsam haben kann. Erst wenn der Geistesforscher anderen Menschen das Erforschte verständlich gemacht hat, gewinnt er Sicherheit des Lebens, Orientierung und Zufriedenheit in Bezug auf das Schicksal.

Durch die Geistesforschung gewinnt man Anschauungen über die gesamte Welt. Das aber, was die Forschungen sein können, können sie auch dem Geistesforscher nicht sein, wenn er sie nicht in verständlichen Formen darstellen kann. Und dem Geistesforscher kann mit nichts anderem als mit dem gedient sein, was er dem Nicht-Geistesforscher dienstbar machen kann.

Es muss Geistesforscher geben, und Sie werden aus meinem Buch *Wie erlangt man Erkenntnisse der höheren Welten?* ersehen, dass jeder Mensch bis zu einer gewissen Stufe dieser Erkenntnisse kommen kann.

Um das sich anzueignen, was die Seele zur Sicherheit des Lebens braucht, zur Arbeitsfreudigkeit für das Leben, zur Sicherheit ihres Wurzelns im Unvergänglichen, was die Seele braucht, damit der Mensch dem Alter ruhig entgegensehen kann, das alles kann ihr durch die Ergebnisse der Geistesforschung werden. Darin erlangt der Geistesforscher nicht mehr als der andere. Erst dann hat der Geistesforscher etwas von seinen Ideen, wenn er sie in den Formen des gesunden Menschenverstandes dargestellt hat.

Das ist die Wahrheit über die Geistesforschung, das ist die Wahrheit über das Verhältnis der Geistesforschung zum Leben. Und das muss festgehalten werden, dass aus dieser Geistesforschung heraus selbst nur das einen Wert hat, was sich so in das Leben hineinstellen kann.

Der Geistesforscher, der in der geistigen Welt leben kann, der mag vieles sehen. Das, was er da schaut, hat aber nur einen Wert, wenn er es beurteilen kann.

Es können wohl manche Menschen durch Übungen zu Visionen kommen, auch wenn sie alles das nicht durchmachen, was heute als der wahre Weg gekennzeichnet wurde. Sie können dazu kommen, vieles zu schauen. Was für einen Wert, was für eine Bedeutung das Geschaute hat, ob es einen Wahrheitswert hat, kann ihnen persönlich ganz unbekannt sein.

Das, was man schaut, muss man erst beurteilen können. Man muss es erst in seiner Bedeutung für das Leben schätzen können. Woher aber gewinnt man diese Möglichkeit?

Durch nichts anderes als durch das, was man an Urteilskraft und Moralität schon im gewöhnlichen Leben, bevor man die geistige Welt betritt, gewonnen hat. Der, welcher einen moralischen Sinn hat, wird mit ihm in die geistige Welt eintreten und die Dinge richtig beurteilen können. Derjenige, der ein Tor oder unmoralisch ist, der wird über das, was er schaut, nur verkehrt urteilen können.

Daher wird der Wert eines Menschen nicht erhöht, wenn er durch allerlei Mittel in die Lage kommt, Übersinnliches zu schauen. Auch der Geistesforscher hat nur einen Wert durch das, wodurch der Mensch einen Wert hat: durch gesundes Urteil und durch moralische Kraft.

Was aber ungesundes Urteil und Unmoralität anrichten, wenn der Geistesforscher mit ihnen in die geistige Welt eindringt, das wird sich uns morgen zeigen, wenn wir von den Irrtümern der Geisteswissenschaft sprechen.

Es könnte die Frage aufgeworfen werden: Ja, welches sind denn die Wahrheiten der Geistesforschung?

So wenig man in einer Stunde die Wahrheiten einer anderen Wissenschaft aufzählen kann, so wenig kann man in einer Stunde die Wahrheiten der Geisteswissenschaft aufzählen. Es sollte heute nur gezeigt werden, wie der Mensch zur Wahrheit und nicht zum Irrtum in der Geistesforschung kommt, wie der Mensch durch Entwicklung der in ihm schlummernden Kräfte sich Geistesaugen und Geistesohren schafft, um mit den Worten Goethes zu reden, um in eine geistige Welt zu schauen.

Nun kann man nicht sagen, das ist in der Regel Wahrheit, das ist in der Regel Irrtum. Man kann nur sagen, die Seele des Menschen wird auf diesem Weg reifen, Wahrheit und nicht Irrtum zu sehen. Von diesem Weg sollte heute gesprochen werden.

Morgen sollen die Quellen des Irrtums offengelegt werden. Der heutige und der morgige Vortrag gehören zusammen.

Der heutige Vortrag sollte zeigen, wie sich der Mensch in seiner Seele geistig erkräftigen kann, um die geistige Welt wahrzunehmen, wie sein Auge die sinnliche Welt wahrnehmen kann. Dadurch nimmt es auch wahr, dass es herausgeboren ist aus der äußeren Sinneswelt. Zugleich im geistigen Sinne sagt uns ein Goethe'scher Spruch:

Wär' nicht das Auge sonnenhaft,
Wie könnten wir das Licht erblicken?
Lebt' nicht in uns des Gottes eigne Kraft,
Wie könnt' uns Göttliches entzücken?

Wahr ist es: In uns selbst muss das Auge sein, mit all seiner Kraft, dass wir das Licht erblicken, sonnenhaft muss das Auge sein. Und in dem Menschen muss das Leben, die innerliche Regsamkeit Gottes sein, damit er Gott wahrnehmen kann.

Aber ein solcher Ausspruch ist im Goethe'schen Sinne nicht so gemeint, wie etwa Schopenhauer sagen würde: Die Welt ist meine Vorstellung. Wir würden weit weg sein von dem Sinn des Goethe'schen Ausspruchs, wenn wir glauben würden, dass wir uns nur wie einen Abklatsch der äußeren Welt die ganze Innenwelt erschaffen sollen, wie manche Philosophen behaupten.

Es muss gesagt werden, wie Goethe sagt: Der Mensch hätte keine Augen, wenn nicht das Sonnenlicht den Raum durchdringen würde. So wahr es ist, dass wir das Licht nur durch das Auge erkennen, so wahr haben wir ein Auge nur, weil das Licht den Raum durchflutet, denn das Licht hat erst das Auge herausgeholt.

Wesen, die Augen haben, aber durch viele Generationen in Höhlen wohnen, verlieren das Organ der Augen, die Augen verkümmern. Das Auge ist ein Geschöpf des Lichtes.

So ist die Tatsache, dass wir Organe haben für das Licht, durch das wir sie haben können, zugleich ein Beweis für das Licht.

Die Tatsache, dass der Mensch Geistiges in sich erleben kann, dass er in sich ein Übersinnliches regsam machen kann, das ist ein Beweis dafür, dass das Übersinnliche nicht nur in ihm ist, dass er es nicht erträumt, sondern dass das allen Raum und alle Zeit durchwebende Geistige das Geistige in uns erst hervorgebracht hat, wie das Licht das Auge.

So können wir den schönen Ausspruch Goethes, der uns auf unser inneres Licht und Sonnenhaftes, auf unser inneres Göttliches hinweist, so können wir diesen schönen Ausspruch durch einen solchen ergänzen, der aus der inneren Geistigkeit des Menschen ein Beweis für die äußere Realität des Geistigen ist.

Zusammenfassen können wir das Ergebnis unserer Betrachtungen in eine Überzeugung von der Wirklichkeit jenes Geistigen, in dem wir ruhen, wie wir als Sinneswesen in der Stoffeswelt ruhen. Wir können es zusammenfassen, indem wir an die Seite von Goethes Ausspruch den anderen stellen:

Wär' die Welt nicht sonnenbegabt,
Wie könnten Augen den Wesen erblühen?
Wär' das Dasein nicht Gottesenthüllung,
Wie kämen Menschen zu Gotteserfüllung?

Zweiter Vortrag

Das Rätsel Irrtum

«... daß diese Furcht zu irren
schon der Irrtum selbst ist» (Hegel)

Köln, 3. Januar 1913

Sehr verehrte Anwesende!

Auf dem Gebiet der Geistesforschung, von dem gestern hier gesprochen worden ist, ist mehr noch als auf irgendeinem anderen Gebiet der Lebenserkenntnis notwendig, nach den Quellen des Irrtums zu forschen.

Es ist dies aus dem Grund ganz besonders notwendig, weil auf den Wahrheitswegen, von denen wir gestern gesprochen haben, sozusagen auf Schritt und Tritt der Irrtum lauert und weil die Natur des Irrtums in Bezug auf die Erforschung der geistigen Welt eine ganz andere ist als bei der Erforschung der sinnlichen Welt, in der der Mensch zunächst lebt.

Man darf sagen, dass ein altes Wort des großen Philosophen Aristoteles wie ein Leitspruch auf dem Weg des Wahrheitssuchers in die geistigen Welten hinein sein kann. Dieses Wort klingt zunächst einfach, seine Befolgung ist aber doch recht schwierig. Es heißt: Nur derjenige kann die

Wahrheit erkennen, der da aufgehört hat, die eigene Meinung zu lieben.[1]

Bei allem, was Lebenserfahrung, was Lebensweisheit ist, gilt schon dieser Spruch. In ganz besonderem Maße gilt er aber auf dem Gebiet, mit dem wir es hier zu tun haben.

Im äußeren Leben wird dasjenige, was in diesem Spruch liegt, überall außer Acht gelassen. Was hören wir bei den Menschen über irgendeine Sache öfter betonen als: «Dies ist mein Standpunkt, dies ist meine Meinung.» Und gerade in unserer Zeit wird immer wieder und wieder hervorgehoben, dass es doch berechtigt ist und einzig berechtigt ist, wenn ein jeder Mensch seinen Standpunkt, seine Meinung über irgendeine Sache zur Geltung bringt.

Man kann selbstverständlich bis zu einer gewissen Grenze eine solche Forderung des Lebens zugeben. Aber zur wirklichen Wahrheit, namentlich zur Wahrheit auf geistigem Gebiet, kann ein solcher Gesichtspunkt nicht führen.

Denn die eigene Meinung hat man sich im Leben ganz nach der persönlichen Erziehung gebildet, nach den persönlichen Verhältnissen, in denen man gelebt hat, nach dem Teil der Welt, der einem gerade entgegengetreten ist. Und es gehört eigentlich nicht viel dazu, einzusehen, dass diese Meinung, welche eine einzelne Persönlichkeit sich ge-

1 S. O. Willmann, *Geschichte des Idealismus,* I, S. 399: «… allein es ist geboten, selbst die eigenen Ansichten umzustoßen, wenn es gilt, der Wahrheit die Ehre zu geben ...» (Nikom. Ethik I, 1096a 13-17).

bildet hat, unter allen Umständen zum Mindesten eine eng beschränkte Geltung nur haben kann.

Nun liegt aber auf dem Gebiet des geistigen Lebens die Sache so, dass wenn wir Forschungen anstellen, sich in ganz anderer Weise als auf irgendwelchem sinnlichen Gebiet dasjenige hineinschiebt, was wir als unsere Meinung, unsere Lebensauffassung, unseren Standpunkt mitbringen.

Im gewöhnlichen Leben, wo wir es mit den Außendingen zu tun haben, da können wir sagen, dass der Irrtum sich auf Schritt und Tritt selbst korrigiert. Wenn wir uns eine falsche Meinung über dieses oder jenes Wesen, über diese oder jene Tatsache der sinnlichen Welt bilden, so brauchen wir ja nur den Augenschein dieses Wesens, dieser Tatsache selbst auf uns wirken zu lassen, und das unrichtige Urteil wird sozusagen beseitigt. Wir können nicht mit einem unrichtigen Urteil über eine Sache an diese Sache selbst herantreten, ohne dass uns die Sache selbst Lügen straft.

Auf geistigem Gebiet ist das ganz anders. Dort handelt es sich darum, dass alle Wesen, alle Tatsachen ihre ganz besondere Färbung durch dasjenige erhalten, was wir ihnen als die eigene Seelenkonstitution, als das, was in unserer Seele lebt, entgegenbringen. Eine falsche Meinung, die wir mit in die geistige Welt hineintragen, legt sich wie ein Schleier über die entsprechende Beobachtung. Und wenn wir an dieser falschen Meinung festhalten wollen, dann kann uns die geistige Tatsache, die eben durch unsere Meinung verschleiert ist, nicht Lügen strafen. Sie hüllt sich in das Kleid unserer falschen Meinung und erscheint uns in einer ganz falschen Gestalt.

Wenn wir wiederum, ohne ihn als berechtigt für die Geistesforschung anzuerkennen und ohne dass dadurch etwas gewonnen werden soll, auf den Mediumismus hinweisen wollen als auf das Gegenbild der wahren Geistesforschung, so geschieht dies nur zur Erklärung.

Diejenigen Menschen, welche in der schon gestern besprochenen Art durch Medien oder Somnambule (Nachtwandler) irgendwelche Kundgebungen aus den geistigen Welten haben wollen, die sind gewöhnlich auf eines ganz stark bedacht, und zwar darauf, dass ihr Medium nicht etwas von geisteswissenschaftlicher Wahrheit oder irgendwelche Überzeugungen von bestimmten Gesichtspunkten aus über die geistige Welt aufnimmt.

Denn die Menschen, die sich der Medien bedienen, haben mit Recht Furcht davor, dass in dem Fall, dass das Medium gewisse Gedanken über die geistige Welt in das gewöhnliche Bewusstsein und Seelenleben hinein aufgenommen hat, sich die Tatsache einstellt, dass wenn das Medium in seinen schlafartigen Zustand versenkt wird, das, was es aufgenommen hat, wiederum in seinen Offenbarungen herauskommt, dass sich das Persönliche in dasjenige einmischt, was das Medium offenbaren soll.

Und es glauben solche Menschen, dass sie nur dadurch zu wirklich sachlichen Offenbarungen der geistigen Welt, die hinter der physischen Welt steht, kommen können, wenn sie alles Persönliche aus dem Medium ausgeschaltet haben, wenn es sozusagen gar nicht veranlagt ist, etwas Persönliches in seine Offenbarungen zu legen.

Wonach streben also solche Menschen? Auszuschalten das Persönliche, alles dasjenige, was von anderswo als aus den unterbewussten Gründen des Mediums hereinkommt. Daher geben die Menschen auch das meiste auf solche Offenbarungen der Medien, von denen man bestimmt wissen kann, dass die Medien nicht irgendwie mit der betreffenden Sache in Verbindung gestanden haben.

Wenn das Medium zum Beispiel in einer Sprache spricht, von der man weiß, dass sie ihm unbekannt ist, dann wird auf solche Offenbarungen am meisten gegeben, und mit Recht.

Zur Erläuterung kann dasjenige dienen, was solche Personen anstreben, die sich der Medien bedienen. Denn wenn auch Geistesforschung nichts von dem verwendet, was von dieser Seite kommt, so gilt doch auch für den wahren Geistesforscher, der sich selbst zu einem Instrument macht, um in die geistigen Welten hineinzudringen, dass er das Persönliche abstreifen muss, also dasjenige, was nur am eigenen Seelenleben haftet, was seinem Seelenleben eigen ist.

Dies ist eine schwierigere Aufgabe, als man gewöhnlich glaubt. Denn dazu ist etwas notwendig, was für das gewöhnliche Bewusstsein außerordentlich schwer verständlich ist. Es ist notwendig, was man in der Geistesforschung die *Begegnung mit dem Hüter der Schwelle* nennt. Als Schwelle ist die gemeint, welche das Gebiet der Sinneswelt von der geistigen Welt abgrenzt.

Was ist dieser Hüter der Schwelle, wenn wir von dem gewöhnlichen Leben und seinem Verhalten zur Wahrheit ausgehen?

Jener Hüter der Schwelle ist im Grunde genommen die Summe derjenigen Kräfte und Mächte, welche den Menschen im gewöhnlichen Leben von wahrer Selbsterkenntnis abhalten und welche ihn, wenn er ein Geistesforscher werden will, zu dieser Selbsterkenntnis führen.

Aber im gewöhnlichen Leben ist Selbsterkenntnis eben keine leichte Sache. Und gerade deshalb, weil die menschliche Seele an dem haftet, was sie sich aus ihren Erlebnissen, aus allem, was ihr entgegengetreten ist, gebildet hat, dadurch entstehen die verschiedenen Gesichtspunkte, die Kämpfe der Meinungen, wo Materialismus und Spiritualismus, Realismus und Idealismus und viele andere Standpunkte einander entgegentreten, die die Menschen mit Hingebung vertreten, die es aber unmöglich machen, dass die Menschen gerade in Bezug auf die wichtigsten Dinge einander verstehen.

Wie verhält es sich denn eigentlich mit diesen Standpunkten? Derjenige, der das menschliche Seelenleben im Verhältnis zu dem übrigen Dasein ins Auge fasst, der wird bei der entsprechenden Vertiefung bemerken können, dass Idealismus, Materialismus, Realismus und so weiter als menschliche Meinungen deshalb entstehen, weil der Mensch immer nur ein beschränktes Gesichtsfeld hat und sich aus diesem heraus dann seine Meinung bildet. Diese seine Meinung liebt er und diese Liebe ist es eigentlich, die ihn für diese Meinung begeistert und die es macht, dass er diese Meinung für das einzig Mögliche hält und andere Standpunkte bekämpft.

Diese Liebe ist im Grunde genommen Selbstliebe. Das, was wir uns errungen haben, was mit uns so zusammenhängt, dass wir eigentlich die Sache selbst werden – es ist begreiflich, dass wir es lieben. Geben wir es auf, so geben wir uns selbst auf. Das ist das Bedeutungsvolle des Hängens an gewissen Lebensstandpunkten, dass jeder fühlt, wenn er sie aufgibt, gibt er sich selbst auf. Denn sein ganzes Ich hat die Färbung dieses Standpunktes angenommen. Der Mensch kann nicht anders, als diesen Standpunkt bejahen.

Da gibt es Menschen, die durch ihr Leben oder die Richtung ihrer Wissenschaft, durch ihre Beschäftigung mit rein äußerlichen Dingen, die in ihren Vorstellungen leben, gewohnt sind, ihre Augen nur an dasjenige zu heften, was an den Dingen materiell ist und die Materialisten werden. Ihre Aufmerksamkeit wird von allem abgelenkt, was nicht materiell ist.

Sie sind nicht Materialisten, nur weil der Idealismus falsch ist, denn derjenige, der wirklich etwas von Meinungskämpfen versteht, der wird bald einsehen, dass die Materialisten für ihre Behauptungen manche guten Gründe vorzubringen haben. Aber auch die Idealisten haben diese. Schlechte Gründe für den Idealismus sieht eigentlich nur derjenige, welcher befangen ist in seiner materialistischen Richtung. Der Mensch stellt sich lediglich dem Idealismus entgegen, pocht auf den Materialismus, wenn er die Denkgewohnheiten dadurch annimmt, dass er nur mit materiellen Dingen zu tun hat.

Andere Menschen werden sozusagen von der Härte und Dichtigkeit der Materie weniger berührt. Sie werden durch ihre Anlagen und Verhältnisse mehr auf die Kämpfe und Siege der menschlichen Seele hingewiesen. Solche Menschen werden Idealisten. Sie sehen die Gründe ein, die für den Idealismus sprechen, und da sie nie gelernt haben, die Gründe zu beachten, die für den Materialismus sprechen, so betrachten sie den Materialismus als den größten Irrtum, der bekämpft werden muss.

Und so könnte man alle geistigen Richtungen charakterisieren. Man würde sie immer wieder darauf zurückführen müssen, was die Menschen für Anlagen und Verhältnisse haben.

Solche aber, die zu einem umfassenden Horizont gekommen sind, wie Goethe, die wussten – und das weiß jeder, der unbefangen die verschiedenen Weltanschauungen betrachten kann –, Goethe wusste, dass alle Standpunkte eine gewisse Einseitigkeit haben und dass man im Grunde genommen für und gegen jeden Standpunkt vieles vorbringen kann.

Das sehen allerdings auch manche anderen Menschen ein. Dann kommen sie leicht zu der Meinung, dass die Wahrheit in der Mitte zwischen den verschiedenen Standpunkten liegt, wodurch ein Ausgleich gefunden werden kann. Derjenige, der auf diesem Gebiet die Wahrheit kennenlernen will, ist mit einem Menschen zu vergleichen, der sich zwischen zwei Stühle setzt.

Das Richtige aber wäre es, je nachdem die Verhältnisse es ergeben, eben beide Stühle zu benutzen. Dazu wird derjenige kommen, welcher menschliche Meinungen in ihr Verhältnis zu dem Umfassenden des Weltganzen zu bringen versteht. Goethe sagt: Nicht zwischen den verschiedenen Standpunkten liegt die Wahrheit, sondern zwischen diesen liegt erst die Aufgabe, der Weg zur Wahrheit.

Was heißt das? Das heißt, wenn man die einzelnen Weltanschauungen betrachtet, muss man sagen: Der Materialismus ist voll berechtigt auf materiellem Gebiet, und derjenige, der mit Spiritualismus die materielle Welt erklären will, wird nichts zustande bringen. Zur Welt des Materialismus gehören Begriffe des Materialismus. Der Fehler des Materialismus ist nicht der, dass Materielles mit dem Materialismus erklärt wird, sondern dass man auch das geistige Gebiet mit Materialismus erklären will.

Umgekehrt ist es für den Spiritualismus. Der schwärmerische Idealist wird überall vom Geistigen und geistigen Kräften reden. Er ist wie einer, der eine Uhr betrachtet und das Werk der Uhr nicht auf mechanischem Weg erklären will, sondern einen Dämon darin sucht, der die Zeiger vorwärtsrückt.

Das ist dasjenige, worauf man kommt und kommen muss, wenn man über die verschiedenen Weltanschauungen, die doch nur Meinungen sind, zur Wahrheit kommen will: dass man das Berechtigte und Begrenzte der verschiedenen Anschauungen ins Auge zu fassen vermag.

Was hindert den Menschen, das zu tun? Je nach dem Gebiet der Welt und des Lebens liebt der Mensch seinen Standpunkt mit wahrer Eigenliebe. Er kann nicht aus sich heraus, kann sich nicht in einen anderen Standpunkt versetzen.

Deshalb wird es einem auch so übel genommen, wenn man Haeckel betrachtet und sich in dessen Geist versetzt und nicht überall die Tendenz hat, von seinem spirituellen oder ideellen Standpunkt aus Haeckel zu bekämpfen, und wenn man sich anderen Geistern zuwendet, sie ebenso objektiv betrachtet.

Der wahre Geistesforscher muss sich hineinversetzen können in das Positive und das Negative der verschiedenen Standpunkte. Denn es ist eine Eigentümlichkeit der menschlichen Natur, dass wenn der Mensch eine solche Methode, wie sie gestern auseinandergesetzt wurde, auf seine Seele anwendet, dann seine Meinungen, seine Standpunkte mit ihm gehen.

Das können wir besonders bei den entgegengesetzten Standpunkten Spiritualismus und Materialismus sehr wohl beobachten.

Derjenige, der so im Leben steht, dass er alles Geistige ablehnt, der im strengsten Sinne Materialist ist, wird allerdings gar keine Methode, wie gestern geschildert, auf seine Seele anwenden. Alles das gilt ihm als Unsinn und als Torheit. Er hat von seinem materialistischen Standpunkt aus Recht.

Derjenige aber, der als Geistesforscher nicht nur die materiellen Wirkungen im Leben sieht, sondern in den Gesamtbetrieb des Lebens hineinschauen kann, in die geistigen Kräfte, die hinter dem Sinnlichen stehen, der weiß, dass es nicht die materielle Meinung ist, die diesen Menschen, der alle Methoden der Geistesforschung ablehnt, zu diesen nicht kommen lässt.

Leugnen kann der Mensch, wenn er will, die geistige Welt. Aber diese geistige Welt ist nicht in einem abgetrennten Geisterreich vorhanden, sondern diese geistige Welt ist überall, auch in der sinnlichen, in der materiellen Welt vorhanden. Auch in der Materie, die der Materialist allein betrachtet, ist überall Geist vorhanden.

Aber dieser Geist, der sich im Materiellen nur auslebt, das ist der Geist, das ist die Kraft, die vor allen Dingen, wenn sie durch den Menschen wirkt – und sie tut das, wenn er die Denkgewohnheit hat, sich nur im Materiellen zu bewegen –, bewirkt, dass er unfähig wird, überhaupt die Seelenbesinnung, die Seelenrichtung auf den Geist zu lenken. Es steckt in allem materiellen Dasein etwas, was auf uns so wirkt, dass es uns vom Geist abzieht, ablenkt. Da sehen wir, wie der Irrtum wirkt.

In unseren Ideen der Geistesforschung, die wir jetzt versuchen, in das geistige Kulturleben der Gegenwart hineinzustellen, nennen wir diesen Geist, der in der Materie lebt und dort als eine Kraft wirkt, die den Menschen gegenüber der geistigen Welt verfinstert, den «ahrimanischen» Geist. Es ist dieser Geist derselbe, den Goethe im *Faust* als Mephisto darstellt, der den Faust begleitet, der jeden Menschen begleitet, weil jeder Mensch sich mit der materiellen Welt befassen muss.

Das also ist die Kraft, die uns verfinstert gegenüber der geistigen Welt. Die Materialisten können wohl den Geist ableugnen mit ihren Begriffen, aber es wäre ein schwerer Irrtum, zu glauben, dass sie der Realität des Geistes etwas anhaben können. Es rächt sich an ihnen und verdunkelt ihre Anschauung.

Das ist die eigentümliche Wirkung in der Seele des Materialisten, dass dieser Geist einen Wall aufrichtet, sodass der Mensch die geistige Welt nicht schauen kann. So leugnet der Materialist die geistige Welt, weil der Geist der Materie ihm dieses Leugnen eingibt. Leugnen kann man ihn, sich aber nicht ihm entziehen. Und das, was als Materialismus herumschwirrt in der Welt, ist tatsächlich die Eingebung dieses Geistes.

Goethe hat recht, indem er seinen Faust so den Müttern entgegentreten lässt, dass Mephisto das geistige Reich als ein Nichts vorführt. Faust aber sagt: «In deinem Nichts hoff' ich das All zu finden!» Der Materialist sollte sich gestehen, dass er zu einem gewissen «Völkchen» gehört, von dem Mephisto sagt:

> Den Teufel spürt das Völkchen nie,
> Und wenn er sie beim Kragen hätte.

Das ist eben der materielle Geist, den das Völkchen nie spürt und der ihm den Materialismus eingibt. In solcher Weise zeigt sich uns, wenn man nur tief genug geht, wie der Materialismus sich aufhebt, indem er selbst das Erzeugnis des Geistes ist.

Nehmen wir den Standpunkt des Spiritualisten an. Er will nichts wissen vom Materialismus, er hat sich Vorstellungen und Empfindungen gebildet, die ihn nur in geistige Sphären führen. Einem solchen wird es gewiss nicht einfallen, das Gesagte auf sich anzuwenden, aber die Einseitigkeit des spiritualistischen Standpunktes zeigt sich gerade in diesem Punkt.

Wenn der die Materie ablehnende Spiritualist die gestern angeführte Methode auf sich anwendet und Einlass gewinnt in die geistige Welt, tritt ihm dort seine Art des Vorstellens und Empfindens, seine ganze Gesinnung entgegen. Er trägt sie in diese Welt hinein und die Folge davon ist, dass dieser Mensch zwar in die geistige Welt eintreten kann, aber er sieht alles durch die Brille seiner Meinungen, seiner Vorstellungen.

Und da es in der geistigen Welt eine große Summe von solchen Wesenheiten gibt, die man dämonische Naturen nennt, die nicht in der äußeren Welt auftreten, sondern nur in der geistigen Welt leben, Wesen mit einem zu geringen Gewicht für unsere Welt und die den Menschen von der Welt ablenken, zu der er doch gehört, da er als Mensch in einem physischen Leib geboren ist, so wird der Spiritualist, wenn er engherzig ist, sehr leicht durch gewisse Methoden in die Welt hineingetrieben, die wir die «luziferische» nennen.

Er steht dort so fest, dass er, wenn er früher von der Materie nichts verstand, sie jetzt flieht. Dieser Mensch kommt dann in alle möglichen falsch-asketischen Richtungen hinein. Er will mit der Materie gar nichts mehr zu tun haben und sein Irrtum führt ihn zu einer Entfremdung von der Welt, zu der er doch gehört. Er verfällt der Einsamkeit.

Gerade an diesem Beispiel sehen wir, dass die Irrtümer auf geistigem Gebiet verhängnisvoller sind als auf sinnlichem Gebiet. In der sinnlichen Welt werden die Irrtümer korrigiert, auf geistigem Gebiet sind die Irrtümer wie Wirklichkeiten, die uns entgegentreten, obwohl diese Wirklichkeiten von uns selbst hereingetragen werden. Wir können nicht hindurch. Alle Irrtümer wirken auf unsere Persönlichkeit wie Wirklichkeiten.

- Auf *sinnlichem Gebiet* kann man von Irrtümern frei werden durch die *Widerlegung;*
- auf *geistigem Gebiet* gibt es keinen Weg als den *Kampf,* denn man muss das, was einem da wirklich entgegentritt, bekämpfen.

Auf dem Gebiet der Geistesforschung wird daher der Kampf nicht ein bloß logischer sein, sondern eine fortwährende geistige Arbeit, ein Ankämpfen gegen die Mächte des Irrtums, denn dort sind sie Irrtumsmächte.

Die Frage entsteht nun: Wie können wir den Weg finden, um in entsprechender Weise tüchtige Kämpfer gegen den Irrtum auf geistigem Gebiet zu werden? Wir können dies durch *wahre Selbsterkenntnis.*

Wie kommen wir schon im Leben über die Einseitigkeiten des Materialismus, des Spiritualismus, des Idealismus und des Realismus hinaus? Dadurch, dass wir einmal im Leben den Entschluss fassen, nachzusehen, wie wir eigentlich zu unseren Meinungen gekommen sind. Das ist ein schwerwiegender Entschluss, weniger schwer zu fassen als durchzuführen.

Wenn wir in strenger Selbstschau unser Leben zurückverfolgen und uns fragen, wie wir zu der oder jener Denkrichtung gekommen sind, wenn wir prüfen, wodurch sich unsere Gesinnungen und Meinungen ergeben haben, dann setzen wir uns sozusagen selbst zusammen, dann kommt ein Zeitpunkt, wo es uns schwer werden kann, wo unser Gemüt sich großen Widerständen entgegengesetzt fühlt.

Ob man nun Materialist oder Spiritualist gewesen ist oder auf einer anderen Meinung beharrt hat, die man für die einzig richtige hielt, dann fühlt man, man hat diese Meinung nur durch sein eigenes Erleben bekommen. Dann kommt der Zeitpunkt, wo man erst fühlt, was Meinungen, was Weltanschauungen eigentlich sind.

Solange man unbefangen mit der Welt verkehrt und seine Anschauung mit sich führt, wird man gar nicht darauf aufmerksam, wie sehr man seine Gesinnung liebt. Wenn man sich aber einmal von der Welt zurückzieht und einsieht, wie man Materialist, wie man Spiritualist geworden ist, dann kommt man darauf, sich zu sagen: Ja, wenn du diese oder jene Gedanken nicht mehr hast, was bleibt von dir noch? Dann wirst du ja ganz leer!

Man fühlt, wie man Stück für Stück aus sich herausschneidet. Was dann kommt, ist jener furchtbare Moment des Lebens, wo man, wenn man auf die Entstehung seiner Meinung den Blick lenkt, sich selbst entschwinden sieht.

Niemand aber kann zu einer Weltanschauung kommen, der nicht Selbsterkenntnis übt. Dann hört man auf, auf seine Meinung zu pochen, dann versteht man erst den Spruch des alten weisen Aristoteles: Nur derjenige kann die Wahrheit erkennen, der da aufgehört hat, die eigene Meinung zu lieben.

Dann fängt man erst recht an, seine Meinung zu lieben, wenn man sie verlassen muss, wie man auch bei einem Wesen die Liebe dann erst recht fühlt, wenn man es verliert. In dem Augenblick, wo man den Ursprung seiner Meinung erkennt und lernt, sie aufzugeben, dann liebt man sie erst. Das ist das, was unser Gemüt erlebt.

Wenn man dazu kommt, sich zu sagen, die vielen Standpunkte sind berechtigt, dann fühlt man sich eine Weile, wie wenn man zwischen den verschiedenen Standpunkten in der Luft schwebt, mit seinem Seelendasein ohne Boden in der Welt dasteht. Das bewirkt Selbsterkenntnis, wenn man sie wie Lebensweisheit betrachtet, ohne die Schwelle zu übertreten.

Aber es führt ein gerader Weg von dieser Selbsterkenntnis, wenn sie energisch durchgeführt wird, wirklich in die Welt hinein, auf die gestern aufmerksam gemacht wurde. Denn derjenige, dem nicht ein Spiel mit Begriffen bleibt, was beschrieben worden ist, der es innerlich, mit innerlichem Schmerz erlebt, derjenige, der das mit aller Energie erlebt, der Wärme hat für das, was in der Welt geschieht, der nicht kalt der Welt gegenüberstehen kann, ein solcher Mensch wird gerade in dieser Selbstschau eine von den Meditationen erleben, auf die gestern hingewiesen worden ist.

Denn solch eine Selbstschau ist eine wichtige Art von Meditation. Wenn sie oft angestellt wird, dann tritt vor uns etwas auf, was so geartet ist wie die Imagination, die gestern gezeigt wurde, aber eine solche Imagination, die sich auf uns selbst bezieht. Und was dann wie eine Folge der Selbstschau des gewöhnlichen Lebens auftritt, wenn man die Selbstschau so weit bringt, was dann auftritt, das ist: Man sieht, wie man im eigenen Wesen ist.

Vorher hat man nur seine Meinung gekannt, jetzt sieht man, wie weit man jenen Teil der Seele, der unter dem bewussten Leben liegt, der von Leben zu Leben geht, wie weit man ihn im jetzigen Leben gebracht hat. Das ergibt sich dann aus der geistigen Welt selbst heraus. Da kommt man darauf, was man als Mensch eigentlich ist.

Darauf ist man im gewöhnlichen Leben nie gekommen. Wir beschäftigen uns nur sehr selten mit uns selbst. Wenn wir aber in uns hinuntersteigen, dann treten wir geistig vor uns selbst hin. Diese Selbsterkenntnis ist das, was wir die Begegnung mit dem Hüter der Schwelle genannt haben.

Denn das, was in dem Teil der Seele ruht, der von Leben zu Leben geht, das zeigt sich nicht im gewöhnlichen Leben. Und solange es sich nicht zeigt, können wir nicht in die geistige Welt hinein.

Im gewöhnlichen Leben verhüllt uns unsere eigene Natur die geistige Welt. Im Augenblick, wo wir in die geistige Welt eintreten wollen, müssen wir die genannte Begegnung mit dem Hüter der Schwelle haben, müssen unserer eigenen Wesenheit objektiv entgegentreten, der wir nun in einem wiedergeborenen Sein gegenüberstehen.

Da kommen wir dazu, die Tiefe unseres eigenen Wesens, die uns im Leben erspart blieb, zu schauen. Und man darf sagen: Wohltätig ist diese Welteinrichtung, dass dieser Hüter der Schwelle sich für das gewöhnliche Leben verbirgt. Denn wir können uns leicht denken, dass der Mensch nicht immer stark genug ist, dasjenige, was er am meisten lieben muss, aufzugeben.

Furcht und Schrecken vor sich selbst würde den Menschen, der nicht vorbereitet und reif ist für die wahre Selbstschau, in einem Maße befallen, das sein inneres Seelenleben in Ungleichmäßigkeit bringen müsste. Daher verläuft alle wirkliche Schulung auf dem Weg in die geistige Welt hinein so, dass der Schüler vor der Begegnung mit dem Hüter der Schwelle reif dazu gemacht wird.

Dass man das ausspricht, was eben ausgesprochen worden ist, kann niemals in Furcht versetzen. Erst wenn man diejenige Wesenheit vor sich hat, fühlt man, dass sie dasjenige ist, das einen hindern würde, wenn man sie nicht neben sich hat und anschaut, jemals in die geistige Welt in Wahrheit einzutreten.

Wahr sehen wir die geistige Welt erst dann, wenn wir diesen Hüter der Schwelle aus uns herausgestellt haben, wenn wir ihn betrachten als eine andere Wesenheit, das heißt, wenn wir «wiedergeboren» sind. Dann können wir erst beurteilen, wie das, was wir bisher waren, die Quelle aller Irrtümer ist.

Dann tritt die große, gewaltige Tatsache vor uns auf, die sich in der Frage formulieren lässt: Woher stammen die Irrtümer der Geistesforschung?

Sie stammen von dem, was wir persönlich sind. Da ist Wahrheit mit Irrtum vermischt. Wir können diese erst sondern, wenn wir uns objektiv betrachten können. Erst wenn wir in der Welt, in die wir hineinschauen, uns selbst drinnen haben, dann finden wir den Weg, um die Irrtumsmächte zu bekämpfen.

Da liegt aber noch eine Schwierigkeit vor. Denn das Gefühl, dem Nichts gegenüberzustehen, erhöht sich dann noch, wenn man in die geistige Welt hineintritt.

Solange man in irgendeiner Weise mit der äußeren Welt zusammenhängt, so lange ist immer wieder diese äußere Welt die Ursache, dass man noch zu stark seine Eigenheit liebt. Dann aber, wenn man sie vor sich sieht, wenn diese Eigenheit wie ein Ding der Außenwelt geworden ist, dann tritt die arge Versuchung an uns heran, dass wir von einer unendlichen Liebe zu unserem Selbst ergriffen werden. Und nie ist der Geistesforscher mehr in Gefahr, in Irrtum zu verfallen, als jetzt.

Daher gehört aller Mut dazu, von diesem Augenblick an alle Selbstliebe aus dem Herzen zu reißen. Man muss sie aus dem Herzen reißen, wenn man die Irrtümer bekämpfen will. So können wir sagen, dass im Grunde genommen *der moralische Mut* das Ausschlaggebende auf einer gewissen Stufe der geistigen Erkenntnis ist, wenn es über die Irrtümer hinausgeht.

Und dann sehen wir, wie es möglich wird, die Irrtümer zu bekämpfen, wenn wir die Quelle der Irrtümer, unser persönliches Selbst, vor uns hinstellen können. Wenn wir dies können, dann werden wir auch wiederum einen gesunden Blick in das gewöhnliche Leben zurückwenden können.

Dann werden wir finden, dass sowohl jene ahrimanischen Mächte, welche den Materialismus inspirieren, als auch jene luziferischen, schwärmerischen Mächte, dass alle diese geistigen Mächte und geistigen Wesenheiten Offenbarungen der geistigen Welt sind. Wir stehen dann erst der vollen Wirklichkeit gegenüber.

Dann erst gewinnen wir ein gesundes Urteil über diejenigen, welche in die Irrtümer der Geisteswissenschaft verfallen, sodass sie im geschichtlichen Verlauf der menschlichen Entwicklung nicht an wirkliche geistige Kräfte oder Mächte glauben wollen, sondern von Ideen reden, welche den Lauf der Geschichte lenken. Im 19. Jahrhundert sind Geschichtsforscher aufgetreten, die von Ideen in der Geschichte reden.

Derjenige, der den Sachverhalt auf diesem Gebiet durchschaut, weiß, dass Ideen zwar zum Begreifen im Menschen leben, dass sie aber nicht wirken können. Diese Ideen können in der Geschichte ebenso wenig wirken, als ein gemalter Maler ein Bild malen kann.

Und wenn in unserem Zeitalter eine Anschauung auftritt, die eine solche Macht wie das Christuswesen verflüchtigen will, die da sagt, es kann abgesehen werden von einem historischen, von einem persönlichen Christus, man kann glauben, dass einmal «die Idee» des Christus aufgetreten sei, so steht eben diese Anschauung auf dem Standpunkt, dass Ideen wirken können, dass Ideen nicht bloß der Ausdruck von realen Wesenheiten sind. Aber erst dann wird einem das Leben wirklich verständlich, wenn man wieder dahinterstehende geistige Mächte anerkennt.

Wenn man sich auf eine solche Weltanschauung einlässt, braucht man nicht selbst Geistesforscher zu sein, um zu sehen, ob seine Lehren Wahrheit sind. Der Mensch muss die Selbsterkenntnis durchmachen zur Sicherung, zur Erhöhung seines Lebens. Das gilt durchaus, dass wenn der Geistesforscher das, was er erforscht hat, in menschliche Ideen formt und bildet, dass dann jeder, der nur unbefangen genug ist, diese Bilder verstehen kann.

Und deshalb muss betont werden, dass das richtige Verhältnis des Zuhörers zum Geistesforscher nicht das ist, sich gläubig der Autorität des Geistesforschers hinzugeben, sondern das richtige Verhältnis des Zuhörers oder Bekenners ist das, welches aus der freien Beurteilung des Zuhörers hervorgeht.

Der Geistesforscher kann selbst zu einem richtigen Urteil über das kommen, was er schaut, nur wenn er seinen *gesunden Menschenverstand,* sein gesundes Denken anwendet, wenn dieses Denken moralisch und intellektuell gesund ist. Damit stehen wir aber an dem Punkt, wo wir nicht nur von den Irrtümern selbst sprechen können, sondern auch von den Irrtümern, die sich bei der Verbreitung der Geistesforschung ergeben, und die sind sehr wichtig.

Nicht einzelne Irrtümer können angegeben werden und ihre Vermeidung, sondern es kann nur gesagt werden, dass wer immer gewissenhafter und gewissenhafter zur wahren Geistesforschung vordringt, der vermeidet die Irrtümer, die überall lauern. Wir werden den Irrtum bekämpfen, wenn wir uns selbst erkennen. Irrtümer ergeben sich aber auch, wenn nicht das richtige Verhältnis besteht zwischen denen, die Bekenner sind, und dem Geistesforscher selbst. Da haben wir ja heute auch alle möglichen «Standpunkte».

Eine große Zahl unserer Zeitgenossen lehnt alles ab, was von der Geistesforschung kommt. Der Geistesforscher kann einen solchen Standpunkt verstehen. Er findet deshalb so viel Gegnerschaft, weil Geistesforschung etwas ist, was sich neu in unsere Kultur hineinstellt und worauf das Denken noch nicht eingestellt ist. Das ist die eine Art, wie heute der Geistesforschung begegnet wird.

Eine Anzahl von diesen Menschen allerdings, wenn sie die Irrtümer des Materialismus einsehen, kommen und nähern sich allmählich den Ergebnissen der Geistesforschung.

Anders ist es bei den Bekennern. Der Geistesforscher erlebt ebenso viel auf der einen Seite an Kritik, wie auf der anderen Seite an falscher Bekennerschaft, die die Autorität anerkennt und nicht sieht, dass alles geprüft werden muss. Vor einer genauen Prüfung schreckt der Geistesforscher nicht zurück, nur vor derjenigen Prüfung, die aus halber Wissenschaftlichkeit, aber nicht aus Genauigkeit hervorgeht.

Es ist der richtige Standpunkt, das zu nehmen, was der Geistesforscher bietet, sich anregen zu lassen und dann durch den Verstand *zu prüfen,* durch den es prüfbar ist.

Aber neben den ablehnenden Menschen gibt es viele, die statt zu prüfen es bequemer finden, einfach zu glauben. Und von diesen Menschen geht die Art von Bekennerschaft aus, die vor allen Dingen zu Irrtum über Irrtum bei der Verbreitung der Geistesforschung führt.

Weil man nicht prüft, sondern hinnimmt, was der Geistesforscher gibt, so gilt der Geistesforscher einem solchen gläubigen Bekenner als so etwas wie ein höheres Wesen. Weil er in die geistige Welt hineinschaut, gilt er als ein höheres Wesen.

Richtig denkt man aber, wenn man einen solchen Geistesforscher nicht als ein besonderes Wesen ansieht. Der Wert eines Geistesforschers hängt nicht davon ab, dass er in die geistige Welt hineinschauen kann, sondern von seiner intellektuellen und moralischen Qualität. Das ist ein Gebiet rein menschlichen Forschens, weil seine Ergebnisse mit allen Hoffnungen und Sehnsüchten der Menschen zusammenhängen. Und

- wie man nicht als höher gilt, weil man mathematische oder geometrische *Wissenschaft* betreibt,
- so sollte man nicht als höher gelten, weil man *Geistesforscher* ist.

Wenn man in die geistige Welt hineinschaut, braucht man noch kein Urteil über das Geschaute zu haben. Man kann hineinschauen und vieles sehen und den größten Unsinn und die größten Irrtümer aus dieser Welt heraus erzählen.

Erst dann, wenn man den Geistesforscher als nichts anderes betrachtet als ein Instrument, durch das die geistigen Wahrheiten hereinströmen in die Welt, und dann selbst prüft, erst dann hat man das richtige Bekennerverhältnis zur geistigen Welt. Wie könnten sich sonst so leicht Scharlatane neben die wirklichen Geistesforscher hinstellen?

Aber wer nicht prüfen will, kann auch nicht unterscheiden zwischen dem, was auf gewissenhafte Weise gewonnen worden ist, und dem, was auf falschem, ja schwindelhaftem Weg gewonnen worden ist. Der Geistesforscher kann sich vor seinem Bekenner nur dadurch retten, dass er nicht verführt wird, zu sicher zu werden durch den Glauben, den man ihm entgegenbringt.

Es gibt Naturen, die, wenn sie sehen, dass sie als etwas Besonderes angesehen werden, alles Mögliche mitteilen, was nur auf falschem Weg gewonnen worden ist. Deshalb sind Scharlatanerie und Humbug oft nicht unterscheidbar. Und viel weniger schädlich in Bezug auf die Verbreitung der Geistesforschung sind die kritischen Gegner, solange sie von ihrer Kritiksucht getrieben sind, als die blindgläubigen Anhänger.

Auf keinem Gebiet ist Autoritätsglaube schlimmer und schädlicher als auf dem Gebiet der Geistesforschung – und auf keinem Gebiet ist dieser Glaube so zu Hause. Eine gesunde Verbreitung in unserer Zeit von Geistesforschung und Geisteswissenschaft, die innerhalb dessen, was sie verbreitet, Irrtümer vermeiden will, muss vor allen Dingen darauf bedacht sein, Autoritätsglauben von aller Verbreitung der Geisteswissenschaft auszuschalten.

Von diesem Ideal sind wir allerdings in vieler Beziehung durch die Bequemlichkeit der vielen noch weit entfernt, weil sie nicht prüfen, ob das auch richtig ist, was der Geistesforscher sagt. Wenn ihnen das Gebotene gefällt, so nehmen sie es an auf blinden Autoritätsglauben hin.

Immer ist es möglich, den gesunden Verstand auf das anzuwenden, was in der Geisteswissenschaft dargestellt wird. Und wenn man sieht, dass der Geistesforscher bemüht ist, die Resultate seiner Forschung in so streng von [Textlücke] Bilder zu legen, wenn er nicht auf der einen Seite zur Schwärmerei, auf der anderen Seite zur Leichtfertigkeit hinneigt, sondern wenn man sieht, wie er alle Dinge der Geistesforschung in derselben logischen Weise behandelt wie die äußeren Dinge, erst dann ist er ein wahrer Geistesforscher.

Dann wenn auf solchem Weg immer mehr und mehr Seelen der Gegenwart und der Zukunft sich der Geistesforschung zuneigen, dann kann der Einwand nicht erhoben werden, dass etwa jeder gleich ein Geistesforscher sein müsste. Wie nicht jeder ein Botaniker zu werden braucht, um die botanischen Forschungen zu verstehen, so braucht auch nicht jeder ein Geistesforscher zu werden – obgleich es jeder Mensch werden kann.

Immer mehr und mehr aber müssen sich die Ideen der Geistesforschung verbreiten, weil wir in einer Zeit leben, in der sich die Seelen schon nach dem sehnen, was nur die Geisteswissenschaft geben kann. Ihre Tatsachen sind das, wonach die Seelen heute Verlangen tragen und immer mehr Verlangen tragen werden. Der, der den Geist der Zeit begreift, der weiß, dass überall gewisse Bedürfnisse der Seele nur befriedigt werden können, wenn Geisteswissenschaft den Weg zu den Herzen und zu den Seelen findet.

Da die Zeit aber schon selbst dafür sorgen wird, dass genügend Geistesforscher da sein werden, und da man nur logischen Verstand und Wahrheitsgefühl braucht, um sie zu verstehen, so wird man durch diese Geistesforscher den Weg finden, der einem jeden Menschen die Perspektive in die geistige Welt hinein eröffnet, jene geistige Welt, aus der dem Menschen Sicherheit, Freudigkeit und Hoffnung kommen kann für das Leben, in dem er ist, und für das Leben, das sich eröffnet, wenn die Pforte des Todes sich schließt.

Jene Sicherheit, die sich gerade mit dem Herausentwickeln der Weisheit gegen das Alter zu entwickeln kann, wenn unser Leib abwelkt, um sich vorzubereiten, durch ein geistiges Dasein zu gehen, um auf diese Erde wiederzukommen und seine Arbeit fortzusetzen. Das Sichere, das Gewisse werden diese Seelen, diese Persönlichkeiten in der geistigen Welt finden.

Es wird sich diese Perspektive für immer mehr und mehr Seelen der Gegenwart und Zukunft ergeben, die Möglichkeit, in die geistige Welt hineinzuschauen. Und eine Zeit wird kommen, wo wahrhaftig jeder einzelne Mensch, nicht nur der Geistesforscher, so dastehen wird, dass er gegenüber allem Leugnen der geistigen Welt einen sehr einfachen Standpunkt einnehmen wird.

So sicher werden diese Menschen, wenn die Wucht der Gründe der Geistesforschung sich erweisen wird [Textlücke?]: Da werden solche sicher gewordenen Seelen gegenüber den Leugnern der geistigen Welt sich etwa verhalten, wie sich Goethe einmal verhalten hat, als vor seine Seele jene Philosophie trat, die aus dem Griechentum herauskam, die nicht mit den Gesetzen der Bewegung zurechtkommen konnte.

Man sagte, es gibt keine Bewegung, die ist nur scheinbar. Wenn ein Körper sich bewegt, so ruht doch eigentlich in jedem Augenblick der Körper; Bewegung kann aber nicht aus «Ruhen» zusammengesetzt sein; folglich gibt es keine Bewegung. Es gab eine solche philosophische Schule.

Goethe, als er von dieser Philosophie hörte, sagte damals:

Es mag sich Feindliches ereignen,
Du aber bleibe ruhig, bleibe stumm;
Und wenn sie dir die Bewegung leugnen,
Tanz ihnen vor der Nas' herum.

So beweist sich die Bewegung durch den Augenschein, wenn man ihnen vor der Nase herumgeht!

Wenn man sich ein wenig in die Sicherheit der Seelen vertiefen könnte, die da kommen müssen, welche die Wucht der geisteswissenschaftlichen Beweise allmählich empfinden werden, dann werden solche Seelen den Leugnern des Geistes ebenso sicher entgegentreten, wie Goethe den Leugnern der Bewegung. Solche Seelen werden dann vielleicht gegenüber denen, die die Wissenschaft vom Geist verachten und sie als Torheit betrachten, diese sicheren Seelen werden dann vielleicht sagen:

Es mag sich Feindliches ereignen
Du bleibe ruhig, bleibe heiter.
Und wenn sie dir den Geist verleugnen
So grüble du nicht weiter.
Ja, gib ihnen am Ende gar noch Recht:
Es steht mit ihrem Geiste eben schlecht.

Fragenbeantwortung

Köln, 3. Januar 1913

1. Ist sich die Seele des Verstorbenen des eben beschlossenen Lebens bewusst?

In der *Geheimwissenschaft* ist die Art des Bewusstseins zu charakterisieren versucht worden. Wer sich informieren will, muss die dort gegebene Darstellung auf sich wirken lassen. Man kann absolut mit Ja antworten, aber dieses Ja ist erst zu erklären, und das ist nur durch ausführliche Darstellung möglich.

2. Warum sind immer neue Verkörperungen nötig, warum gibt es also nie eine Ruhe?

Der Frage liegt zugrunde, dass eine «Ruhe», wie sie hier gemeint ist, der Fragesteller vielleicht als etwas Wünschenswertes ansieht. Was kann mit dem Begriff der Ruhe hier gemeint sein? Ruhe, die die Ruhe des Todes ist, oder irgendeine andere Art des Verhaltens? Es ist nicht herauszubekommen, was hier mit Ruhe gemeint ist.

Bei einem Vortrag können natürlich nicht alle Welträtsel gelöst werden, viele Dinge müssen unbesprochen bleiben. Die Verkörperungen gehen natürlich nicht ununterbrochen fort, von Ewigkeit zu Ewigkeit. Sie haben einmal aus rein geistigem Dasein einen Anfang genommen, und am Ende der Erde werden wir in einem anderen, geistigen Zustand sein, nicht mehr zum Erdendasein zurückkehren. Aber in der Zwischenzeit müssen wir Verkörperungen durchmachen.

Die wiederholten Erdenleben sind schon notwendig, weil der Mensch nur dadurch dem allseitigen Ausbilden und der Entwicklung des in ihm Liegenden sich nähern kann, in auf- und absteigender Wellenlinie sich seinem Ziel nähert. Das ist eben der Lauf der Erdentwicklung: Die Erde bleibt sich nach einer gewissen Anzahl von Jahrhunderten niemals gleich. Man bedenke, was sich alles nicht nur in der Kultur seit der Begründung des Christentums geändert hat! Man erlebt ja große Zwischenräume, nicht kurze, zwischen zwei aufeinanderfolgenden Erdenleben. Die Seele ist deshalb in der Lage, immer Neues zu erfahren.

3. In welcher Inkarnation werden wir am Jüngsten Tag auferstehen, in der ersten oder in der letzten?

Die Inkarnation ist nichts Festes. Man muss sich klar werden, wie hier das Wort Inkarnation gemeint ist, wie Auferstehung gemeint ist. Man muss erst die paulinische Lehre vom geistigen Leib verstehen. Das hat alles überhaupt nichts mit dem physischen Leib zu tun. Dann erst kann eine Antwort auf diese Frage gegeben werden.

4. Was träumt nachts, die Seele oder das Gehirn?

Das ist leicht zu beantworten durch das, was gestern im Vortrag «Wahrheiten der Geistesforschung» gesagt wurde. Die Seele ist im Schlaf in der Astralwelt und der Mensch erlebt seine Träume innerlich – selbstverständlich nicht das Gehirn, sondern die Seele.

5. Welchen Trost kann der Mensch in der Wiederverkörperungslehre finden, der nicht selbst hellseherisch ist, da nur der Geistesforscher seine früheren Inkarnationen schauen kann, und der andere verzweifeln müsste, weil er sich nicht selbst überzeugen kann?

Im Vortrag wurde gesagt: Es kommt nicht darauf an, selbst in den geistigen Welten zu forschen, sondern wenn die Dinge in Begriffe geprägt sind, kann sie jeder verstehen. Der Geistesforscher hat selbst davon nichts mehr, als was er durch Prägen in Begriffe aus seinem Hellsehen gewinnt.

Die Wiederverkörperungslehre ist etwas, was dem Leben Sicherheit und Inhalt gibt. Also ist diese Frage im Vortrag bereits beantwortet. Man lese auch das Schriftchen *Reinkarnation und Karma,* dann wird man finden, was der Seele Sicherheit und Trost geben kann, und dass dafür gesorgt worden ist, dass der Nicht-Geistesforscher durchaus die Möglichkeit hat, das zu verstehen.

6. Ich habe schon zwei Einführungskurse mitgemacht, aber noch nicht verstanden, wie es möglich ist, dass es dem einen Menschen schlecht geht, manchen gut; oft höherentwickelten Menschen schlecht, während der reiche Wüstling keine Strafe findet, sondern noch freudenreiches Leben?

Das Letztere folgt nicht aus der Reinkarnationslehre. Denn es ist nicht so, dass das Leben immer aufrückt, sondern dass es auf- und absteigt, wie eben die Ursachen es ergeben. Dass ein reicher Wüstling ein noch freudenvolleres Leben finden wird, eine solche Aussage geht aus einer vollständigen Verkennung des Gesamtverlaufs des menschlichen Lebens hervor.

Wenn jemand einen anderen Menschen oder sich selbst beobachtet und diesen anderen Menschen oder sich selbst recht edel findet und von Leiden und Schicksalsschlägen heimgesucht, so ist das Urteil, das man im gegebenen Augenblick fällt, durchaus nicht immer maßgebend. Ich will einen Vergleich anführen.

Denken wir uns einen jungen Menschen, der bis zum 18. Jahr von der Tasche seines Vaters gelebt hat. Sei es angenommen, dass es nicht ein schlechtes Leben war. Wenn er 18 Jahre alt ist, verliert der Vater sein Vermögen. Der junge Mensch war vorher nicht gerade schlecht, er kommt aber in diese üble Lage. Jetzt muss er erst etwas Ordentliches lernen, während er früher nichts Ordentliches gelernt hat. Nun wird er in dieser Zeit seines Lebens diesen Schicksalsschlag als etwas recht Schweres, durchaus als unverdient betrachten.

Wenn er 50 Jahr alt ist, wird er vielleicht zurückblicken und sich sagen: «Wäre das damals nicht geschehen, dann wäre ich jetzt ein Taugenichts und wüsste gar nichts von der Welt.» Mit 50 Jahren wird er ganz anders urteilen als mit 18 Jahren.

Wir sind zumeist selbst nicht die richtigen Beurteiler unseres Ungeschicks. Später aber werden wir objektiver urteilen, besonders von der geistigen Welt aus, im Leben zwischen Tod und neuer Geburt – oder im folgenden Erdenleben, wenn man schon zurückschauen kann. Denn das wird dann jeder erreichen, die Menschheit entwickelt sich, jeder wird zurückschauen können, was jetzt nur der Geistesforscher kann.

Dann wird man sagen: Das, was zuerst unerklärlich schien, das machte gerade, dass ich mich stark entgegenstellen musste, dass ich Kräfte auslöste, die das Wichtigste zur Fortentwicklung, zum Aufstieg wurden. Im gewöhnlichen Leben wird man das schon sehen, man erlebt ja so manches.

Mancher, der als Geistesforscher das Leben intimer und eingehender betrachtet, wird davon zu erzählen wissen. Er wird dann zurückschauen auf das, was Freude, Lust und manches andere gebracht hat, auf Kampf, Übel, Schmerz, die er durchgemacht hat. Er blickt darauf zurück, auf alles Mögliche, und er wird sich sagen: «Dafür, dass ich oft Freudiges erlebte, bin ich dem Schicksal dankbar. Aber will ich lieber meine Freuden oder meine Leiden hingeben?»

Dann ist er vielleicht zur Erkenntnis gekommen: Meine Freude und Beseligung will ich lieber hingeben, denn meinem Schmerz und meinem Leid verdanke ich meine Erkenntnis. Man muss wissen, was aus den Ursachen erst wird.

Kurz, die Beurteilung einer solchen Frage soll man sich nicht so leicht machen. Geisteswissenschaft hat auf alle solche Fragen eine im Tieferen befriedigende Antwort.

7. Würde dasselbe herauskommen, wenn zum Beispiel der Astralleib von mehreren Geistesforschern auf gleiche Weise wahrgenommen würde?

Diese Frage ist mit einem einfachen Ja nicht sinnvoll zu beantworten, weil das, was der Geistesforscher gewissermaßen imaginär, als Vision, wahrnimmt, sich nur dem Grad nach der völligen Objektivität anlehnt. Und in höheren Welten gilt in höherem Grad, was auch in der sinnlichen Welt gilt, dass man die Dinge von verschiedenen Standpunkten aus betrachten kann.

Wenn eine Reisebeschreibung von derselben Gegend von zwei Menschen gemacht wird, wird trotzdem ein großer Unterschied da sein. Aber man braucht nicht deshalb überhaupt zu zweifeln, dass es diese Gegend gibt. Und wenn wir in den immerfort flüssigen, flüchtigen Astralleib hineinschauen, dann ist es begreiflich, dass das äußere Bild verschieden sich darstellt, obwohl die Realität ganz dieselbe ist.

Deshalb kann man diese Frage wohl bejahen, wenn auch die äußeren Bilder verschieden sind, aber nicht mehr verschieden sind, als wenn zwei Menschen ein Bild von einem physisch-sinnlichen Gegenstand entwerfen. Das Gesehene und die Darstellung sind in einer gewissen Weise verschieden, alles kommt auf die Objektivität des Beobachters an. Es wird immer vorausgesetzt, dass wirkliche Geistesforscher die Dinge beschreiben.

8a. Muss nicht das Abstreifen des Standpunktes so weit geführt werden, dass auch das, was der Gattung «Mensch» eigen ist, ausgeschaltet wird?

b. Weshalb nennt sich die Gesellschaft anthropologisch, wenn sie ...?

Die erste Frage betrifft das Gattungsmäßige. Dieses Gattungsmäßige, was ist das eigentlich? Unter Gattung stellt sich der Mensch oft nur etwas ganz Abstraktes vor. Aber der Begriff «Gattung» kann im richtigen Sinn nur in den Reichen der Natur angewendet werden, die unter den Menschen stehen.

Innerhalb des Tierreichs ist der Begriff der Gattung voll berechtigt, weil es für eine ernsthafte Betrachtung kein bloßer Begriff sein kann. Denn wenn Menschen, die viel spintisieren, finden, dass es nur einzelne Hunde gibt, also nicht den Begriff Hundenatur oder Wolfsnatur, so ist zu erwidern, dass wenn man nur das sinnliche Einzelwesen, zum Beispiel das sinnliche Einzelwesen Wolf gelten lässt und nicht das, was übersinnlich darin waltet, also nur das Materielle anerkennt, dann ist die Widerlegung leicht gegeben: Wenn das Materielle bei einem Wolf keine andere Nahrung als Lämmer zu sich nimmt, dann zeigt es sich, dass der Wolf dadurch kein Lamm wird, auch wenn er nur Lämmermaterie frisst.

Aber beim Tierreich interessiert uns das, was in der Gattung lebt, so wie beim Menschen uns das Einzelne, das Individuelle interessiert. Daher hat auch nur der Mensch eine Biografie.

Manche werden das sonderbar finden, weil man auch eine Biografie von Tieren haben kann. Das soll auch nicht geleugnet werden, dass eine Hundemutter eine Biografie ihrer Hunde, eine Katzenmutter eine Biografie ihrer Katzen geben kann. Aber darauf kommt es nicht an. Ein Lehrer kann den Kindern auch aufgeben, die Biografie ihrer Schreibfeder darzustellen.

Aber das, was beim Individuum das Biografische ist, das findet sich doch nur beim Menschen. Der Begriff der Gattung hat daher beim Menschen nur einen Sinn, wenn man in einer abstrakten Philosophie lebt. Dagegen erschöpft sich beim Menschen das Individuelle wirklich nicht in der Gattung.

Was durch Volk, Stammeseigenschaften dem Menschen anhaftet, das gehört bei ihm doch in eine andere Richtung als beim Tier. Dieses Gattungsmäßige, das wird von dem Individuum sogar abgestreift, im wahren Sinne des Wortes kann man gar nicht davon reden.

Im Beginn der Erdentwicklung war der Mensch durchaus ein Gattungswesen, aber darin lag schon das Individuelle, die Individuen, die alle individuell werden, sodass das Gattungsmäßige beim Menschen eine sekundäre Rolle spielt.

9. Ohne Zweifel hat derjenige, der dem Hüter der Schwelle gegenübertreten soll, große Gefahren zu bestehen, die er vorher nicht kennt; wie kann er sich schützen, oder gibt es keinen Schutz?

Der Weg wird in konkreter Weise beschritten, wenn man dasjenige befolgt, was in *Wie erlangt man Erkenntnisse der höheren Welten?* gegeben ist. Dadurch werden einem auch die Eigenschaften in die Seele eingefügt, die Begegnung in rechter Weise zu bestehen. Es gibt dann zwar immer noch große Schwierigkeiten, aber man hat auch stärkere Kräfte vorher erlangt.

10. Was ist zu sagen über Mohammed und seine Mission; warum musste er 600 Jahre nach Christus kommen?

Eine kurze Beantwortung dieser Frage ist nicht möglich, es würde zu allergrößten Missverständnissen führen. Die Antwort müsste aus den Fundamenten heraus gegeben werden.

Mohammed gab 600 Jahre nach dem Christusimpuls einer solchen Menschengemeinschaft Inhalt, die vorzugsweise auf der einen Seite nach dem manchmal ins Fantastische sich erhebenden Gemüt, auf der anderen Seite in der feinen Ausarbeitung des Intellekts veranlagt war. Er war gegenüber dem Christusimpuls etwas wie ein Rückschlag, ein Atavismus.

Es zeigt, wie die Entwicklung überhaupt geschieht: in Vorstößen und Rückschlägen. Die Natur dieses Mohammedanismus muss man aus der ganzen Natur der Entwicklung heraus verstehen: der Christus-Impuls, der größte religiöse Impuls, der sich aber nach und nach in die Erdentwicklung einleben muss, während der Mohammed-Impuls vorher sich ihm entgegenstellen musste.

11. Sind die Theosophen für die Leichenverbrennung?

Theosophen agitieren nicht für diese oder jene Partei, sondern diese Dinge sind Erkenntnissache. Man sagt das, was wahr und richtig ist, und da kann dann jeder aus seiner Anschauung zimmern, was er als Willensimpulse ins Leben aufnehmen will.

Solche Fragen können nicht in absolutem Sinne beantwortet werden. Die verschiedenen Menschheitsstufen sind verschieden, und nicht das Gleiche ist für alle Zeiten das Beste, sondern es ändern sich die Menschen, und dadurch das Hervortreten oder Wiederhervortreten der menschlichen Einrichtungen.

Im Ganzen war für die Zeit, die abgelaufen ist – für eine große Anzahl der Menschen auch noch in die Zukunft hinein –, die Leichenverbrennung nicht eine wichtige (richtige?) Sache, obwohl die Propagandisten der Leichenverbrennung gewissermaßen Pioniere der Zukunft sind. Aber die Menschen müssen heranreifen, alles hat nur relative Gültigkeit, so auch die Frage «begraben oder verbrennen» für das eine oder andere Zeitalter. Für die geistige Betrachtung nimmt sich manches anders aus als für die äußere Auffassung.

12. Wie vereinbaren Sie die Anschauung, dass alle Menschen schon Erdenleben erlebt haben, mit der Tatsache, dass die Erde früher weniger und weniger bevölkert war?

Das ist ein bloßes Rechenexempel und man wird sehen, dass das Gesagte einfach eine gewagte Behauptung ist. Die Frage taucht fast nach jedem Vortrag auf. Die Zwischenräume zwischen zwei Leben sind nicht für alle Menschen die gleichen. Zuweilen sind viel mehr Menschen in einem Zeitalter verkörpert als in einem anderen kurz vorher.

Nehmen wir an, im 17. Jahrhundert seien 100 Seelen inkarniert gewesen und im 18. Jahrhundert auch 100, und die Zwischenräume ihrer Verkörperungen seien verschieden. Dann können im 19. Jahrhundert die 100 von beiden Gruppen wieder inkarniert sein, also gibt es dann 200. Dadurch, dass die Zwischenräume verschieden sind durch das ganze Karma der Seelen, dadurch tritt eine Zunahme in gewissen Zeiträumen ein. Von etwas anderem kann der Gewissenhafte nicht reden.

Die Zwischenzeit seit der letzten Verkörperung ist im Durchschnitt größer als die Zeit, die uns zum Beispiel von der Entdeckung Amerikas trennt. Wenn aber behauptet wird, dass die Zahl der Menschen zunimmt, dann muss man erst fragen: Wie kann das durch äußere Dinge bewiesen werden? Zum Beispiel, wer hat die Zunahme für China studiert? Wie ist also erst recht die Bevölkerung der ganzen Erde? Oder, was für Welten sind untergegangen? Oder, was war vor der Entdeckung Amerikas und lange Zeit, bevor Amerika entdeckt wurde? Also bei gewissenhaftem Forschen kann schon in der physischen Welt diese Behauptung nicht gemacht werden.

13. Was sagt der Redner zum Adventismus? Wo aus Daniel und der Offenbarung des Johannes die Weltgeschichte erklärt wird, und jetzt die Zeit kommt, wo Christus sein Wiederkommen zugesagt und die Welt sozial und politisch geändert wird?

Es ist eine bekannte Erscheinung, dass die Sekten den heute charakterisierten «Standpunkt der Standpunkte» einnehmen und ganz und gar verliebt sind in ihren Standpunkt – in viel höherem Maße, als das bei anderen Menschen der Fall ist. Und jemandem, der einer Sekte angehört, eine Erklärung für dieses oder jenes Symbol zu geben, oder ihn davon abzubringen, oder ihm etwas begreiflich zu machen, ist gewöhnlich für diese Inkarnation eine reine Unmöglichkeit.

Aber wer ganz den aristotelischen Satz begreift: «Der allein kann zur Wahrheit kommen, der der eigenen Meinung nicht mehr achtet», der hat den richtigen «Standpunkt». Wer Geisteswissenschaft kennt, der weiß, dass die Dinge, wenn man auf sie tiefer eingeht, eben durchaus nicht so wörtlich und in solcher Art genommen werden dürfen, wie oft von einem solchen Standpunkt.

Obwohl nichts gegen die Frömmigkeit und das Gemütsinnigere der Seelen, die in einem solchen Standpunkt befangen sind, gesagt werden soll, und man die höchste Achtung davor haben kann, kommt man in solchen Sekten über die Standpunkte nicht hinaus, die die Wahrheit einengen.

Wer zurücksieht in der Menschheitsentwicklung, der wird finden, dass es immer Sekten gegeben hat, die dasselbe gesagt haben. Sie haben gesagt: In 50 Jahren ist das Wiederkommen des Christus da. Er ist nicht «gekommen», aber das hat die Lehren nicht widerlegt. Und so oft auch durch die Tatsachen die Widerlegung eingetreten ist, das hat dem Standpunkt nicht geschadet. So wenig war das ein Mittel, einen solchen Standpunkt der Standpunkte irgendwie zu widerlegen.

14. Steht die Geisteswissenschaft in irgendeinem Widerspruch mit dem positiven Christentum?

Der Frager versteht meist unter positivem Christentum das, was just er unter Christentum versteht. Ich kann darauf nicht weiter eingehen, müsste viel über den Christus-Impuls, über die Christus-Wesenheit sprechen.

15. Wie ist die Lehre von der Wiedergeburt empirisch oder philosophisch zu begreifen?

Da muss ich auf die Literatur verweisen, auf die *Geheimwissenschaft im Umriss* und so weiter, denn ein Vortrag würde nicht genügen, diese Frage zu beantworten. Denn wenn ich auch in der Lage wäre, noch in dieser Nacht einige Vorträge zu halten, so doch vielleicht manche nicht, sie zu hören! Ich will mich nicht rühmen.

16. Gibt es noch eine dritte Erkenntnisfähigkeit?

Es gibt die Imagination, die Inspiration und die Intuition. Ich wundere mich ein wenig, dass Fragen gestellt werden, die gestellt werden so, als wenn die Tatsache vorliegen würde, dass man den Vortrag gar nicht gehört hätte. Der ist ja eine ausführliche Antwort gerade auf diese Frage.

17. Ist zwischen Seele und Geist ein realer und praktischer Unterschied?

Nun, das geht aus der Theosophie hervor, dass man sie nicht zusammenwerfen soll. Dieses Zusammenwerfen ist historisch erst spät geschehen: Ein Konzil hat dekretiert, dass Seele und Geist nicht zweierlei sind, hat sie zusammengeworfen. Seitdem werden sie nicht mehr unterschieden, auch nicht in der Wissenschaft, wenn die Wissenschaft sich auch nicht bewusst ist, dass sie dabei einem kirchlichen Dogma folgt. Es ist ein realer Unterschied in dem Verhalten zum Leib. Anders verhält sich der Geist zum Leib als die Seele, und umgekehrt.

18. Muss nicht jemand, der in der theosophischen Anschauung groß wird, der dieser Anschauung erst auf den Grund geht, von ihr frei werden?

Das ist so, als ob jemand, der eben gegessen hat, gleich wieder essen müsste, weil sich ja doch äußerlich nicht etwas geändert hat an diesem Menschen, wenigstens nicht in vielen Fällen, weil er ja doch eben gegessen hat.

Man erlangt Selbsterkenntnis, wenn man außer seinem persönlichen Selbst steht, das heißt, man erlangt durch Selbsterkenntnis das Freiwerden. Wenn man weiter frei werden will, wo man doch schon frei geworden ist, so ist das noch weniger berechtigt als bei der Mahlzeit. Dann hat man doch das Freiwerden schon vollzogen, dann ist keine Notwendigkeit, ein zweites Mal frei zu werden, nachdem man frei geworden ist.

Der Standpunkt lässt sich dabei nicht mit dem bloßen Materialismus oder Spiritualismus vergleichen, denn die Geistesforschung gebraucht alle verschiedenen Standpunkte, aber nicht, um sich auf sie zu stellen, sondern um sie zu charakterisieren. Und die Wahrheit liegt nicht «in der Mitte», sondern in den Gründen, die dafür angeführt werden. Dadurch erscheinen diese Standpunkte so, dass sie einem das wirkliche Wahre von verschiedenen Seiten her beleuchten.

Nur wer in Abstraktionen stecken bleibt, kann das, was auf das eine anwendbar ist, auch auf das andere anwenden. Aber wie man im wirklichen Leben nicht bloß die allgemein menschlichen Eigenschaften an sich hat, sondern einmal Kind ist, dann Mann, dann Greis ist, und nicht fragen kann, ob man die Kindheitsstufe noch einmal abstreifen muss, so ist die Frage der Selbsterkenntnis *einmal* da, nicht dann noch einmal. Erkenntnis ist dann in der Welt drinnen und von da ab beginnt für den Menschen dann die

Welterkenntnis. Das ist der Schluss der Selbsterkenntnis: die Welterkenntnis, die selbstlos vom Individuum erworben wird und dadurch einen selbstlosen Charakter hat.

Dritter Vortrag

Wahrheit und Irrtum

in der Natur- und Geisteswissenschaft

Leipzig, 11. Januar 1913

Sehr verehrte Anwesende!

Wenn auf jeglichem Gebiet des menschlichen Lebens die Frage nach Wahrheit und Irrtum eine tief bedeutsame ist, so darf gesagt werden, dass auf dem Gebiet der Geistesforschung dieser Frage noch eine ganz besondere Bedeutung zukommt.

Dies wohl aus dem Grund, weil dasjenige, was Geistesforschung den Menschen geben und sein will, mit jenen Lebensfragen zusammenhängt, die an die Seele nicht nur so herandringen wie die Fragen der einen oder anderen Wissenschaft, sondern die an die Seele herandringen und, man möchte sagen, das Interesse dieser menschlichen Seele ausmachen, alles dasjenige ausmachen, was der Seele Trost und Hoffnung, Sicherheit und Kraft im Leben geben kann.

Weit ist das Gebiet der Geistesforschung. Es erstreckt sich auf das ganze Gebiet der Entwicklung einer jeden Wesenheit, mit der der Mensch in irgendeinem Zusammenhang gedacht werden kann. Denn alles dasjenige, was in diesen Gebieten der Geistesforschung an den Menschen herankommt, drängt sich zusammen in bedeutsame Lebensrätsel und Lebensfragen.

Eine Frage, die wirklich stündlich an uns herantritt, finden wir eingeschlossen in der bedeutungsschweren Welt des *menschlichen Schicksals.*

Wenn wir auf der einen Seite ein menschliches Wesen in das Dasein hereintreten sehen, sodass es schon von der Wiege an von Not und Elend umgeben ist, und wir voraussagen können, dass Not und Elend diesen Menschen vielleicht sein ganzes Leben lang begleiten werden, wenn wir ihn in der Kindheit mit geringen Fähigkeiten ausgestattet finden, sodass wir in einer gewissen Weise wissen können, dass er zunächst ein nur wenig nützliches Glied der menschlichen Gemeinschaft sein wird, so ist das auf der einen Seite vielleicht rätselvoll.

Auf der anderen Seite brauchen wir nur zu vergleichen, wie mancher andere in das Leben eintritt: gesegnet mit Glücksgütern oder ausgestattet mit bedeutsamen Fähigkeiten, sodass man wissen kann, er wird ein nützliches Glied der Menschheit werden.

Äußere Wissenschaft ist gar nicht in der Lage, solche Fragen aufzuwerfen. Denn diese äußere Wissenschaft erweist sich mit ihren Voraussetzungen von vornherein als unfähig zur Beantwortung solcher Fragen.

Endlich tritt das andere an den Menschen heran, in das sich Geistesforschung sozusagen zusammenschließt, die Frage, die in der *Unsterblichkeit* des menschlichen Wesens an uns herantritt.

Es darf vielleicht gerade in unserer Zeit gesagt werden, dass diese Frage durchaus nicht in der Art der wissenschaftlichen Fragen an den Menschen herantritt. Wie viele Wünsche, Hoffnungen und Empfindungen, die sich überhaupt nicht in eine wissenschaftliche Frage hereindrängen dürfen, vermengen sich in dieser Frage.

Es hat in unserer Zeit genug Menschen gegeben und es gibt sie noch, die nicht glauben an ein Fortleben der menschlichen Seele, wenn sich das Tor des Lebens geschlossen hat, die gerade ein solches Fortleben der menschlichen Seele nach dem Tod leugnen. Und man darf sagen, dass materialistische Denkweise zu dieser Anschauung kommen muss.

Gerade edle Naturen können sagen: Es ist egoistisch, nur unter der Voraussetzung leben zu wollen, dass die Seelenwesenheit die Pforte des Todes durchschreitet und dann eine andere Daseinsform hat, während es selbstlos ist, das, was man sich errungen hat, an die Allgemeinheit hinzugeben. Viele wahrhaft edle Naturen haben gerade von diesem Gesichtspunkt aus die Notwendigkeit, die der Materialismus uns hier gibt, selbstloser gefunden als ein egoistisches Bedürfnis nach einem Fortleben nach dem Tod.

Wären wirklich nur menschliche Wünsche und Begierden, die Furcht und die Angst vor einem Vergehen nach dem Tod maßgebend, so könnte man leicht annehmen, gerade aus edlen Empfindungen heraus zu einer mehr materialistischen Anschauung kommen zu müssen. Wenn man die Frage aber tiefer anfasst, entwickelt sie sich als eine eminent wissenschaftliche Frage, wenn auch Wissenschaft nicht die Mittel hat, eine Antwort zu geben.

Man braucht nur Kenner der menschlichen Seele zu sein und man wird sagen, dass das Bedeutsamste, was der Mensch für seine Seele erringen kann, ein ganz individuelles Leben ist. Die Feinheit, die Eigenartigkeit, der unsere Kräfte am meisten dienen, die am meisten fordern, was wir uns erringen können, die können nicht an irgendetwas abgegeben werden. Müsste die Seele sie mit dem Tod abgeben, sie müssten verloren gehen.

Daraus würde jenes bedeutsame Rätsel folgen: Es verstoße solches Verlorengehen gegen die Weltordnung, dass das Beste, was sich die Seele erringen kann, wie in nichts verschwinden soll. Nicht als ob das eine Antwort wäre auf die Frage, die aufgeworfen ist. Es ergibt sich aber daraus die Notwendigkeit, diese Frage aufzuwerfen.

Fragen sind dies, welche wohl nicht in dem gewöhnlichen Sinne wissenschaftlich genannt werden können, Fragen, die vielleicht auch mancher Seele, die in den Tag hineinlebt, gleichgültig sind. Doch abgesehen davon, ob wir uns diese Fragen beantworten können oder nicht, hängt die Frage, wo die Quellen von Wahrheit und Irrtum auf diesem Gebiet zu finden sind, aufs Engste mit unserem inneren Seelenleben und Schicksal zusammen.

Ich durfte auch hier schon öfter über das Thema sprechen, was Geistesforschung zu bieten hat. Es ist hier natürlich nicht möglich, von Einzelnem auch nur einleitungsweise zu sprechen, und es ist auch nicht meine Aufgabe, über dasjenige zu sprechen, was in anderen Vorträgen gehört werden kann oder was in der Literatur zu haben ist.

Ich will darüber sprechen, wie der Mensch zu solchen Fragen kommt, danach, welches die Erkenntnisse der Geisteswissenschaft sind, wie die Quellen der Wahrheit sind und wie der Mensch zu Irrtümern kommen kann.

Weil eine gewisse Notwendigkeit vorliegt, die Erkenntnisse der Geisteswissenschaft zu verbreiten, so soll auf geisteswissenschaftlichem Gebiet nicht bloß von Wahrheit und Irrtum gesprochen werden, insofern diese auf dem Weg des Geistesforschers selbst liegen, sondern auch in Bezug auf die Verbreitung der Erkenntnisse der Geisteswissenschaft.

Das Schicksal des menschlichen Wesens, es kann ja nicht erkannt werden, wenn man bloß bei dem stehenbleibt, was die Sinnenwelt gibt.

Und derjenige, der sich ein wenig auf äußere Wissenschaft einlässt, weiß auch, dass der Verstand nichts über die Gründe auszumachen hat, warum eine Seele zu diesem oder jenem Schicksal bestimmt ist. Er weiß auch, dass der Verstand nichts auszumachen hat über das Schicksal der Seele nach dem Tod, weil ja dann die Seele in dem übersinnlichen, unsichtbaren Reich wohnt, wenn sie als solche überhaupt noch vorhanden ist.

Die gewöhnlichen Kräfte also, welche der Mensch zur Verfügung hat, um die Welt zu erkennen, diese Kräfte reichen nicht aus, um diese tiefsten Fragen zu beantworten. Da entsteht dann die Frage: Gibt es denn Kräfte in der menschlichen Seele, welche über die gewöhnlichen Sinne hinausdringen, welche nicht auf den Verstand bloß angewiesen sind, der an das menschliche Gehirn gebunden ist?

Wenn wir zu dem Resultat kommen, dass die Seele nicht nur ein Erdenleben durchläuft, sondern dass sich dieses Leben zwischen Geburt und Tod wiederholt und dasjenige, was die Seele als Schicksal trifft, sie sich in vergangenen Leben errungen hat, dass dasjenige, was wir jetzt tun, Ursachen bildet für ein kommendes Leben, so muss man sagen: Ganz gewiss sind die Kräfte, die durch die Geburt ins physische Dasein hereintreten, von der geistigen Welt in die äußere Welt hereingetragen. Die Erkenntnis der übersinnlichen Welt kann die Frage beantworten, warum eine Seele in ganz bestimmte Lebenslagen kommt.

Überall werden wir auf die Notwendigkeit solcher Fragen hingewiesen, auf die Notwendigkeit, mit den Seelenkräften alles das zu erforschen, was unsere Wissenschaft nicht erforschen kann. Gibt es aber solche Kräfte in der menschlichen Seele?

Es wird am leichtesten sein, uns darüber zu verständigen, wie solche Kräfte in der Seele walten können, wenn wir von den alltäglichen Erscheinungen ausgehen, die allerdings nicht so an den Menschen herantreten wie etwa das bestürzende, überraschende Ereignis des Todes, sondern welche herantreten, ohne dass der Mensch viel nachdenkt.

Bekanntlich denkt der Mensch nur über das nach, was ihn überrascht. Was in seine täglichen Gewohnheiten fällt, darüber denkt er weniger nach, und gerade das kann in die tiefsten Tiefen menschlichen Lebens hineindeuten. Eine solche Erscheinung, die täglich sich abspielt, ist der Zustand des Wachens und Schlafens.

Rätselvoll ist der Zustand des Schlafes. Wir sind an jedem Tag gezwungen, in Bewusstlosigkeit überzugehen, in einen solchen Zustand, der Finsternis um uns verbreitet. Das ist ein bedeutsames Rätsel. Betrachten wir diesen Zustand zunächst rein äußerlich.

Wir sehen, wenn wir einschlafen, wie unser physischer Leib uns sozusagen entfällt, wie wir allmählich unfähig werden, die Glieder zu dirigieren wie am Tag. Endlich sehen wir, wie unsere Sinne aufhören, wach zu sein für uns, wie unser Verstand gleichsam lahm wird. Dann gehen wir über in einen bewusstlosen Zustand.

Nun wäre es schon eine Unmöglichkeit, dass alles, was sich im Wachzustand vom Morgen bis zum Abend in der Seele an Affekten, Leid, Trieben und Begierden abspielt, dass das mit dem Einschlafen verschwindet und am Morgen jedes Mal neu entsteht. Es muss da sein, auch wenn der Mensch sich dessen nicht bewusst ist.

Nehmen wir zunächst hypothetisch an, was Geistesforschung zeigt – es kann jetzt nur darauf hingewiesen werden, es kann nicht ausführlich gezeigt werden. Nehmen wir also hypothetisch an, in dem, was wir mit physischen Augen sehen, was wir mit Händen greifen, ist ein Geistiges, ein geistig-seelisches Übersinnliches enthalten. Dieses sei der Träger von Begierden, von Leidenschaften und so weiter und dieses Geistig-Übersinnliche begebe sich aus dem Schlafzustand heraus in eine geistige Welt, sei also da vorhanden.

Dass dies zunächst eine Hypothese ist, sei ausdrücklich gesagt. Wir werden durch unsere Betrachtungen sehen, dass es in gewisser Weise seine Berechtigung hat. Wenn dies so ist, dann müssen wir sagen, dass dieses Geistig-Seelische auch im Schlaf vorhanden ist, aber nichts von sich weiß, wenn es in jene Welt untertaucht. Es bedient sich ja des Gehirns, um die äußere Welt wahrzunehmen und sich anzueignen.

Wir können also voraussetzen, dieses Geistig-Seelische sei nicht stark genug, wenn es vom physischen Leib abgesondert ist, um ein bewusstes Leben zu führen, es sei für dieses Leben zu schwach.

Ist dem so, dann müsste allerdings die Möglichkeit vorhanden sein, diese Kräfte stärker zu machen. Es müsste der Mensch also künstlich eine Art von Schlaf eintreten lassen können, sodass eintreten würde die Herbeiführung eines Seelenzustands, einerseits dem gewöhnlichen Schlaf ähnlich, auf der anderen Seite wesentlich verschieden. Die Herbeiführung eines solchen Zustands ist in der Tat notwendig und nur in einem solchen Zustand kann wirkliche Geistesforschung stattfinden.

Es handelt sich also darum, ob das Geistig-Seelische im Menschen so stark gemacht werden kann, dass der Mensch gleichsam in eine Art künstlichen Schlafs, der kein Schlaf ist, sich versetzen kann. Dann müsste der Mensch in der Lage sein, das herbeizuführen, was im Schlaf herbeigeführt wird, dass sein Geistig-Seelisches mit dem Leib nichts zu tun hat, dass der Verstand schweigt, dass der Mensch auch äußerlich physisch wie im Schlaf ist.

Im Schlaf ist der Mensch so, dass sein Inneres schweigt, abgedämpft ist, ganz in Finsternis gehüllt ist. Wenn nun der Mensch willkürlich, aus seinen eigenen Seelenkräften heraus, sich frei machen kann, sodass er leibfrei, gleichsam «entkörpert», Erlebnisse haben kann, dann erlebt er im Geist. Dann kann er sich durch innere Erfahrung zunächst allerdings seiner selbst als geistiger Wesenheit erinnern.

Das müsste ausführbar sein, was heute den breitesten Schichten der Menschheit als Narrheit erscheint. Einen Beweis gegen die Ausführbarkeit kann es ja doch nicht geben. Es glauben die Menschen, Beweise dagegen zu haben, allein solche Menschen können sich höchstens darauf berufen, dass sie mit ihren jetzigen Kräften von derartigen Dingen nichts wissen.

Man kann nur von einer Sache etwas behaupten, von der man weiß, aber nicht von einer Sache, von der man nichts weiß. Sonst macht eine solche Weltanschauung einen logischen Fehler.

Es muss also zunächst durch starke Willensentwicklung gelernt werden, künstlich sich von allen Sinneseindrücken zu befreien, Schweigen zu erwirken, alle Farben- und Lichteindrücke abzudämpfen, nichts von alldem wissen zu wollen, ebenso nichts von Gehöreindrücken und allen anderen Eindrücken, also das gewöhnliche Denken zum Stillstand zu bringen. Das alles muss durch Willensübung ebenso zum Stillstand gebracht werden können wie im Schlaf. Der Mensch muss nun das, was sonst im Schlaf so schwach ist, stark machen.

Das geschieht durch *Meditation* und dergleichen rein geistige Verrichtungen. Denn rein geistige Verrichtungen sind es, eine Meditation ist eine Art seelisch-geistigen Erlebens. Aber es unterscheidet sich von allem anderen, an das der Mensch sonst gewöhnt ist. Wollen wir einmal ins

Auge fassen, wie diese Verrichtung des Geistes angefasst wird.

Sie unterscheidet sich schon auch dadurch von allen anderen menschlichen Verrichtungen, dass diese dazu da sind, sich Begriffe, Vorstellungen, Gefühle zu machen, um innerlich etwas Äußerliches zu empfinden, etwas Äußerliches abzubilden.

Der Mensch sucht im gewöhnlichen Leben Bilder und Ausdrücke, wodurch nur das gewöhnliche Leben unterhalten werden kann. Es kann der ganze Sinn solcher Verrichtungen, die so für das gewöhnliche Leben bestehen, nicht für die Seelenentwicklung maßgeblich sein, die geistig gefordert worden ist. Für diese Seelenentwicklung ist alles, was geistig gedacht, vorgestellt, gefühlt und gewünscht werden kann, nur zur inneren Selbsterziehung da, um die Seele weiterzubringen, um die Seele gleichsam innerlich mit Kräften auszustatten.

Also nicht darauf kommt es an, was man fühlt, was man als äußere Wahrheit durch sein Denken und Empfinden anerkennt, sondern darauf, was dieses Denken, Fühlen und Empfinden in der Seele hervorbringt, was es aus der Seele macht.

Damit stehen wir auf einem ganz anderen Boden, als es der Boden des gewöhnlichen Lebens und der Wissenschaft ist. In einer gewissen Weise muss der Mensch frei werden von dem, was seine Begriffe bedeuten, von dem, woran seine Empfindungen sich schließen, und muss ganz mit seiner Seele irgendeiner Übung hingegeben sein.

Es ist am besten, wenn der Mensch nicht solche Vorstellungen für die Meditation nimmt, die etwas Äußerliches darstellen, denn dabei fühlt man die Abhängigkeit von der äußerlichen Welt. Am besten sind für die Meditation Vorstellungen, welche ganz allein in der Seele leben können.

Eine Vorstellung, die dem äußerlich materiell Denkenden töricht sein wird: Man stelle sich vor, jemand hat zwei Gläser vor sich, das eine teilweise gefüllt mit Wasser, das andere leer. Jetzt stellt er sich vor, er gießt Wasser aus dem einen Glas in das andere hinein – und das teilweise gefüllte wird nicht leerer, sondern immer voller, je mehr er abschüttet, desto voller wird das Glas.

Es ist das kein äußerlich wirklicher Vorgang. Darauf kommt es auch nicht an, sondern darauf, was dieser in der Seele hervorrufen kann.

Es kann ein Symbol für Folgendes sein: Es verweist uns auf ein Gebiet des Lebens, das uns immer und immer wieder in dessen Tiefen hineinführt und auf der anderen Seite uns immer wieder Lebensrätsel aufgibt – auf dasjenige, was wir mit dem Wort *Liebe* zusammenfassen, von der leidenschaftlichen Liebe angefangen bis hinauf zur seelischen Form der Liebe.

Unsummen von Menschenfreude und -leid können zusammengefasst werden in dieser Vorstellung. Und eine Eigenschaft hat die Liebe, die Eigenschaft, dass der liebende Mensch, wenn er aus der Liebe heraus etwas für den anderen tut, wenn er sein geistiges Gut hingibt, er nicht ärmer und leerer wird, sondern reicher und voller.

Es ist doch nicht so ganz töricht, sich solche Bilder als Sinnbilder zu bilden. Auf anderem Gebiet ist der Mensch gewöhnt, sich solche Sinnbilder zu bilden. Ein Beispiel ist die Medaille: Die Medaille ist kreisrund. Wir brauchen uns gar nicht weiter darum zu kümmern, sondern zeichnen einen Kreis auf: Alle Eigenschaften des Kreises gelten für die Medaille.

Es kommt nicht darauf an, ein Objekt zu erkennen, die Liebe vielleicht in ihrem Wesen zu ergründen, sondern darauf, dass man eine Vorstellung hat, die von der äußeren Wirklichkeit emanzipiert ist. Bedenken wir, was dadurch geschieht, wenn man es zuwege bringt, die Seele leer zu machen von allen Verstandesurteilen, von allen äußeren Eindrücken, und dass man den ganzen Umfang der Seelenkräfte nur auf eine solche Vorstellung konzentriert, die man sich zurechtgerückt hat.

Sonst im Leben verteilen wir die mannigfaltigsten Seelenkräfte, die wir in uns haben, auf die mannigfaltigsten Vorstellungen aus dem Verhalten des Menschen. Wir haben oft die Seele mit vielem zugleich beschäftigt. Wir entleeren nun die Seele vollständig davon und konzentrieren uns auf eine solche Vorstellung zum Beispiel des Wohlwollens, der Güte. Wir müssen uns ausschließlich darauf konzentrieren, darin leben.

Wenn wir Geduld und Ausdauer genug haben, solche Übungen immer wieder und wieder zu machen, dann werden wir es tatsächlich dahin bringen, dass schlafende Kräfte in unserer Seele wachgerufen werden.

Wir lernen uns, während wir sonst ein mehr passives, leidendes Wesen sind, in ein tätiges Wesen zu verwandeln, und wir erfassen uns so zunächst an uns selbst. Nur genügt es nicht, nur ein paar solcher Seelenübungen zu machen, sondern es hängt alles davon ab, Geduld zu haben, die Seele so zuzubereiten, dass sie innere Regsamkeit fühlt.

Dann kommt ein Zeitpunkt, an dem die Seele sich wie neugeboren fühlt, dadurch, dass sie nicht mehr nötig hat, sich solche Bilder zu bilden, solche Vorstellungen vor sich hinzustellen, sondern diese treten dann wie aus den Tiefen der Seele selbst auf und der Mensch lebt dann wie in einer neuen Welt, die aus verborgenen Untergründen auftaucht.

Wenn der Mensch so weit ist, dann beginnt erst die eigentliche Geistesschulung, denn dann tritt vor ihm eine neue Welt auf. Aber was ist diese Welt?

Um uns zu verständigen, was diese Welt ist, wollen wir darauf hinweisen, dass der heutige materialistische Mensch, wenn es sich um die «imaginative Welt» handelt, glaubt, das sind Einbildungen, Fantasien, das ist gleich dem zu achten, was in der kranken, pathologischen Seele auftaucht.

Wenn wir erkennen, dass man mit dieser imaginativen Welt erst am Anfang der Geistesforschung ist, dann vergleichen wir, was der Geistesforscher durch Meditation erlangt, mit dem, was man in einer ungesunden Seele erleben kann.

Eine Eigenschaft, die Ihnen wohl bekannt sein wird, die treffen wir bei kranken Menschen an, die Eigenschaft, dass solche Menschen den unerschütterlichen Glauben haben, dass sie einer objektiven Welt gegenübertreten. Und es ist vergeblich, ihnen das ausreden zu wollen. Sie bringen mit größtem Scharfsinn alles vor, woran man gar nicht gedacht hat, womit sie den denkenden Verstand bemeistern.

Wäre der Geistesforscher nicht in der Lage, hier Wahrheit und Irrtum zu unterscheiden, so würde er sich eben nicht von einer solchen kranken Seele unterscheiden. Es handelt sich darum, wie man sich dazu verhält.

Schon daraus können wir ersehen, dass es sich zunächst um nichts anderes handelt als um Gebilde, die aus dem eigenen Inneren auftreten, die also nichts anderes zu sein brauchen als Widerspiegelungen desjenigen, was der Mensch im eigenen Inneren hat.

Der Mensch hat Kräfte rege gemacht, inneres Leben geweckt, das vorher nicht da war. Er hat aber doch in nichts anderem gelebt als in sich selbst. Was vor ihm steht, ist zunächst nichts anderes als die Widerspiegelung seines eigenen Inneren. Weil diese Widerspiegelung von dem Menschen so erlebt wird, so ist es außerordentlich schwer, nun den Entschluss zu fassen, der von dem wirklichen Geistesforscher gefasst werden muss.

Er muss sich zur Erkenntnis durchringen, dass er es mit nichts zu tun hat als mit den Widerspiegelungen des eigenen Inneren, dessen, was er in der eigenen Seele trägt. Aber es genügt nicht allein, dass der Geistesforscher weiß, dass alles nur Widerspiegelung des eigenen Inneren ist, sondern er muss auch die Stärke haben, die ganze imaginative Welt zu unterdrücken, sodass sie nicht mehr da ist.

Es gibt auch die Möglichkeit, dass Menschen zu derartigen Erlebnissen ohne Schulung kommen. Solche Menschen sind dann gewöhnlich verliebt in derartige Erlebnisse. Der Mensch ist gewöhnlich ungeheuer froh, wenn eine solche Welt in ihm auftritt.

Es ist deshalb nur durch starkes Willenstraining zu erreichen, dass der Mensch, wenn er zum Geistesforscher werden will, die ganze imaginative Welt unterdrückt, sodass sie nicht mehr da ist. Er unterdrückt damit eigentlich seine eigene Wesenheit, wofür er sich trainiert hat. Man bemerkt dann erst, wie sehr man in sich selbst verliebt ist.

Es gehört zu den stärksten Willensanstrengungen, diese Widerspiegelungen zu unterdrücken. Der Mensch lebt schon im äußeren Leben in Selbstliebe, und diese verstärkt sich, wenn dieses innere Leben beginnt. Jetzt soll man unterdrücken, wofür man sich angestrengt hat. Es muss aber geschehen.

Dann aber, wenn man dieses ganz unterdrückt hat, den starken Willensentschluss entwickelt hat, diese Widerspiegelungen auszulöschen, so hat man die Imaginationen aufgelöst und man muss warten, bis sie wiederkommen. Dann kommen sie in einer neuen Gestalt wieder, sodass es unmöglich ist, zu verkennen: Man hat es jetzt mit einer *objektiven Welt* zu tun.

Wer mit solchen Dingen bekannt ist, der findet es begreiflich, dass zahlreiche Menschen diesen Vorgang einfach ableugnen aus dem Grund, weil das alles in der Ausführung nicht leicht ist.

Dann aber, wenn eine neue Welt heraufgekommen ist, nachdem der Mensch die erste, imaginative Welt unterdrückt hat, dann weiß man in dieser neuen Welt ebenso zu unterscheiden zwischen Fantasterei und Wirklichkeit.

Für viele gilt: «Die Welt ist meine Vorstellung.» Und wenn schon eine solche Philosophie behauptet, dass man über die Vorstellung nicht hinauskommen kann, dann ist es umso leichter zu sagen: Wie soll man dann noch unterscheiden zwischen Vorstellung und Wirklichkeit?

Dieser Satz ist leicht widerlegbar. Es ist eine Banalität, was ich sagen werde, das macht aber nichts. Der Limonadengeschmack auf der Zunge wird bei bloßer Vorstellung erlebt. Damit lässt sich aber kein Durst löschen.

Es gibt keinen logischen Beweis dafür, ob eine Sache Wirklichkeit oder nur Vorstellung ist. Der Beweis kann nur durch das Leben geliefert werden.

Aber durch die Erfahrung wird auch genau unterschieden zwischen Vorstellung, bloßer Fantasievorstellung, und dem, was real ist. Oder sollte der Mensch nicht unterscheiden können zwischen einem vorgestellten heißen Eisen und einem wirklichen heißen Eisen?

Dasselbe gilt auch für den Kant'schen Satz, dass hundert wirkliche Taler nicht mehr oder weniger enthalten als hundert vorgestellte Taler: Mit wirklichen Talern kann man eine Schuld bezahlen, mit möglichen oder nur vorgestellten nicht.

Man mag sagen: Bei Geistigem ist das doch anders, da kann das, was man schaut, doch wirklich eine Selbstsuggestion sein. Das wirkliche Leben gibt den Unterschied, man muss also erst im wirklichen Leben drinstehen. Das Leben allein entscheidet über die Realität, und so auch auf geistigem Gebiet.

Es bringt uns das Üben der Seele, das Hervorrufen von Erkenntniskraft in der Seele dazu, den Unterschied zwischen Vorstellung und Wirklichkeit zu machen. So bringt es der Mensch dahin, den Zustand hervorzurufen, der dem Schlafzustand darin ähnlich ist, dass der Mensch sich nicht seines Leibes bedient.

Dann wenn der Mensch zu dieser imaginativen Erkenntnis gelangt ist, geht es hinauf zu höheren Stufen, wo der Mensch tatsächlich anfängt, das um sich zu haben, was man eine geistige Welt nennt – nicht nur in der Weise wie zwischen Tod und einer neuen Geburt, sondern so, dass sie in seine gedachten Vorstellungen hereintritt, an die er sich erinnert.

Der Mensch gelangt so zur Erkenntnis von Wahrheiten über die jenseitige Welt.

Wie die charakterisierten Fragen durch Meditation zu lösen sind, muss in der Literatur nachgelesen werden. Es handelt sich darum, dass wenn der Mensch auf diese Weise versucht, Erkenntnisse zu erlangen, der Irrtum wirklich nicht so auftritt, wie er dem äußeren Wissen gegenüber auftritt, sondern dass der Irrtum dann überall hervorspringt. In der äußeren Welt werden wir durch mancherlei korrigiert, woran wir gewöhnt sind. Auf diesem Gebiet gibt es aber nicht so leicht eine Korrektur. Der Mensch ist da auf sich selbst angewiesen.

Es gibt zunächst zwei Dinge, die berücksichtigt werden müssen – sie können heute nur als Erfahrungssatz angeführt werden. Es sind dies zwei Dinge, die der Mensch in die Geisteswelt hineinträgt, weil er seine ganze Seelenverfassung, die Art seiner Urteilskraft und seine moralische Verfassung hineinträgt. Was trägt der Mensch in diese geistigen Welten hinein?

Was der Mensch als gute oder schlechte *Urteilskraft* entwickelt hat, trägt dazu bei, ob der Mensch in der richtigen Weise Anregung erhalten wird. Gesunde Urteilskraft wird seine Seele in der richtigen Weise rege machen.

Was in seiner Seele leben muss, wird dadurch regelmäßig entwickelt, wie unsere normalen Augen und Ohren. Wie schlecht beschaffene Sinne sich zur Welt verhalten, so verhält sich in der Seele das, was herangebildet wird, wenn der Mensch sich nicht bemüht, gesunde Urteilskraft zu erhalten. Wer in die geistige Welt hineingehen will, muss vom gesunden Menschenverstand ausgehen.

Das Zweite, was wir hineintragen müssen, ist eine gesunde *moralische Seelenverfassung* und Seelenstimmung, eine solche Seelenverfassung und -stimmung, welche es in gewisser Weise dahin gebracht hat, frei von unmoralischen Seelenstimmungen zu sein. Wenn ein Mensch unmoralische Seelenstimmungen hineinbringt, so wirkt das nicht wie ungesunde Urteilskraft, sondern es wirkt unmoralische Seelenstimmung nicht nur wie betäubend, wie auslöschend, sondern schlechte Bilder, unwahre Bilder hervorrufend.

Bloße Täuschung der Seelenwelt gegenüber wäre durch die bloße Urteilskraft zurechtzurücken; was als Blendwerk durch unmoralische Seelenstimmung hervorgerufen wird, das ist da, und daran glaubt man, wenn nicht zugleich mit der geistigen Schulung auch die moralische Tatkraft einsetzt.

Dann ist in der Geistesschulung zu berücksichtigen, dass der Mensch, wenn er objektiv forschen will, von manchem frei werden muss, wovon er nur schwer frei wird. Wir wollen vom gewöhnlichen Leben ausgehen.

Da finden wir eine Erscheinung, welche eigentlich überall studiert werden kann. Wir finden Menschen, die sind Materialisten und glauben nur an Naturgesetze. Solche Menschen meinen, dass derjenige, der nicht an Naturgesetze nur glaubt, eben ein Tor ist, dass alles Unsinn ist, was nicht auf materialistischem Gebiet erklärbar ist.

Dagegen gibt es Spiritualisten, welche wenig gewöhnt sind, mit der Materie umzugehen. Sie sind mehr gewöhnt und achten eher Menschen mit einem ausgesprochenen Seelenleben. Sie sind daher besser geeignet, die Welt in ihren nichtmateriellen Verhältnissen zu erkennen.

Es gibt Materialismus und es gibt Spiritualismus. Und der größte Fehler im gewöhnlichen Leben ist, dass jeder auf seinen «-ismus» schwört. Was ist dieser «-ismus» anderes, als was sich die Menschen eingebildet haben, als der Ausdruck ihres eigenen Selbst. Sie lieben es daher. Der Idealist liebt seine Ideen und so weiter.

Weiter blickende Geister wie Goethe sind nicht so gestimmt, dass sie sagen: «Ich bin ein Idealist, von meinem Standpunkt ist die Sache so», sondern gerade bei Goethe können wir sehen, wie er von dem überzeugt ist, was dem Materialisten eigentlich als Torheit gilt.

Vor uns breitet sich die Welt der materialistischen Erscheinungen aus. Man muss die Materie und ihre Gesetze studieren, und man wird einsehen, dass das, was zu der Materie gehört, seine Berechtigung hat. So hat man dasjenige, was der Welt und ihren materiellen Erscheinungen angehört, auch durch diese materiellen Erscheinungen zu erklären. Man kann sich sehr wohl auf die Erklärungen einlassen, welche der Materialist für die Materie gibt.

Goethe sagt: Zwischen den verschiedenen einseitigen Richtungen eröffnet sich der Weg in die Wahrheit hinein. Man muss erkennen, dass die Welt eine äußerst mannigfaltige ist und dass man die verschiedensten Gebiete durch die verschiedensten Denkformen und Vorstellungsarten ergreifen muss.

So wird man es eben immer wieder antreffen, dass man die Materie auf «materialistische» Weise erklären muss. Will man Geistesforscher werden, so ist es notwendig, dass man schon im gewöhnlichen Leben sich zurechtfindet.

Man kommt darüber hinaus, wenn man Selbsterkenntnis übt, die oft recht schwer ist. Wenn man Selbsterkenntnis objektiv zu üben versucht, merkt man bald, welchen Standpunkt man einnimmt. Es hat dies weiter keine Bedeutung außer in unserem Seelenleben. Man ist dann eher geneigt, auch anderen einen solchen Standpunkt zuzugestehen. Solche Vorstellungen sind notwendig.

Der Geistesforscher muss erkennen, dass verschiedene Standpunkte für die Weltgebiete da sind und dass man gleichsam die Möglichkeit haben muss, die Welt im Ganzen zu ergreifen, dass man ihr von den verschiedensten Seiten mit den verschiedensten Standpunkten beikommt, wie man die Form eines Baumes dadurch erkennt, dass man ihn von verschiedenen Seiten fotografiert.

Ein materialistisches und ein idealistisches Weltbild, beides kann richtig sein. Diese Erkenntnis muss man durch Selbsterkenntnis gewinnen. Durch Selbsterkenntnis sucht man die Einseitigkeit zu überwinden.

Es nimmt sich vieles in der Praxis anders aus als in der Theorie, wenn man sich die Mühe macht, es ernstlich auszuführen. Man hat einen Standpunkt erobert, und wenn man die Eingeschränktheit desselben einsieht, fühlt man den Boden unter sich wanken. Der Standpunkt, den wir uns erringen, ist unser eigenes Selbst. Und darum muss man solche Gefühle eben durchmachen, sonst kommt man vom eigenen Selbst nicht los, sonst bleibt alles subjektiv geformt.

Dieses «Von-sich-Loskommen» ist worauf es ankommt. Wenn hier von Irrtümern die Rede ist, kann man nicht sagen: Das sind Wahrheiten, und das sind Irrtümer. Man wird von den Irrtümern frei durch Selbsterziehung, wenn man von sich loskommt, wenn man die Standpunktgeschichte aufzugeben vermag. In nichts ist der Mensch so vernarrt wie in seinen Standpunkt.

Er muss aber noch weitergehen. Er muss nicht nur von dem, was wir Standpunkt nennen, loskommen, sondern auch von dem Subjektiven seines Denkens und Fühlens loskommen. Man muss Selbsterkenntnis üben, doch das dringt ein wie von selbst, wenn die Geistesschulung in der richtigen Weise vorgenommen wird.

Wenn wir der geistigen Welt gegenüberstehen, sind wir außerhalb des gewöhnlichen Lebens, in dem wir sonst stehen. Wir stehen uns gegenüber, sind selbst eine Sache geworden. Wir leben sonst in uns, jetzt stehen wir uns selbst gegenüber, wie einem äußerlichen Ding.

Der Geistesforscher reiht sich ein in die geistigen Dinge, wenn er in die geistige Welt aufstrebt. Wir vergleichen uns mit der geistigen Welt. Dieser Vergleich fällt gewöhnlich nicht günstig aus.

Das ist leicht begreiflich, denn wenn der Mensch beginnt, sich selbst zu erkennen, so weiß er dann alles, was ihm fehlt. Der Mensch schrickt zurück vor der Selbsterkenntnis. Es ist wahr: Selbsterkenntnis ist das, wodurch wir uns dasjenige entreißen, was wir geliebt haben. Wir schweben dann in der Luft.

Wir haben bisher in einer gewissen Weise empfunden – wir müssen das als eng begrenzte Persönlichkeit ansehen. Wir haben in einer gewissen Weise gedacht – als eng begrenzte Persönlichkeit. Jetzt erst merkt der Mensch, wie er in sich selbst verliebt ist.

Selbsterkenntnis ist nicht nur deshalb schwierig, weil sie schwer zu erreichen ist, sondern auch deshalb, weil sie moralischen Mut erfordert, weil man dasjenige aus sich heraussetzt, was man war, es neben sich setzt, weil man in eine neue Seelenverfassung kommt, die einem ganz ungewohnt ist. Diese Stimmung erlebt zu haben, das ist es, was notwendig ist, um Irrtümer zu vermeiden auf dem Gebiet der Geistesforschung.

Die Irrtümer kommen aus uns. Immer müssen wir diesen Eindruck erneuern können: uns selbst neben uns hinstellen. Dann wissen wir, was auszuschalten ist, dann wissen wir die Irrtümer auszuschalten.

Auf dem Gebiet der Geistesforschung ist es nicht wie in der gewöhnlichen Welt, wo man den Irrtum widerlegt. Da müssen wir Irrtümer auf Schritt und Tritt bekämpfen. Sie sind Realitäten.

Wahrheiten müssen auf geistigem Gebiet auf Schritt und Tritt geschöpft werden, denn wenn wir alles dies einsehen, dann erst können wir uns darüber verständigen, welchen Wert Erkenntnisse der geistigen Welt haben.

Denn es kann der Einwand gemacht werden: Dann hat die geistige Welt nur Bedeutung für diejenigen, die hineinschauen können. So ist es nicht: Nur derjenige, der die geistige Welt erforschen will, muss hineinschauen können, einsehen kann sie jeder unbefangene Mensch.

Wie verhält sich der Geistesforscher zu der gewöhnlichen Seelenverfassung? Ein Maler muss viel lernen, ehe er ein Bild vor sich hinstellen kann. Beim Betrachten des Bildes sieht dann der eine nur die Farbenzusammenstellung, der andere sieht nach demjenigen, was durch den Maler hineingelegt worden ist. Und gerade denjenigen, der am tiefsten erlebt, würde stören, wenn ein Theoretiker kommt und ihm erklärt, wie Farben gemischt werden oder wenn jemand Auseinandersetzungen über Kunstgeschichte und so weiter machen würde.

Man steht vor dem Bild. Kann man erfassen, was hineingelegt worden ist, so erfasst man es. Man braucht dafür kein Maler zu sein. So ist es auch mit dem, was der Geistesforscher zutage fördert. Der Geistesforscher muss das, was er erforscht, in Begriffe bringen, die den Menschen seiner Zeit geläufig sind, die für den gesunden Sinn durchdringbar sind. Und dann empfängt es der andere als Zuhörer oder Leser. Nur darf der Mensch nicht mit Vorurteilen an das herantreten, was der Geistesforscher zu sagen hat. Dann sieht er durch gesunden Sinn dasjenige ein, was der Geistesforscher heruntergebracht hat.

Es ist nicht etwa so, dass dasjenige nicht eingesehen werden kann, was der Geistesforscher bringt, wenn man seine Urteilskraft anwendet. Das, was die Seele bewegt, wird in hinreichender Weise gegeben, auch wenn sie nicht selbst Geistesforscher ist.

Der Geistesforscher selbst hat nichts von seinem Forschen, wenn er die Dinge nur anschaut, wenn er, was er sieht, nicht herunterbringt, sodass er es anderen Menschen mitteilen kann. In dem, was durch Geistesforschung gegeben werden kann, sind der Geistesforscher und derjenige ganz gleich, der nur durch gesundes Wahrheitsgefühl die Dinge aufnimmt.

Weil das so ist, so kann auch nur mit Berücksichtigung dieser Eigentümlichkeit von Wahrheit und Irrtum ein gedeihliches Verbreiten der Erkenntnisse der Geistesforschung geschehen. Und hier muss darauf aufmerksam gemacht werden, dass die Wahrheit dessen, was Geistesforschung zu sagen hat, von dem Geistesforscher verkündet werden kann – und dass alles von dem gewöhnlichen Verstand eingesehen werden kann, wenn man unbefangen genug ist.

Mit dem ganzen Umfang der Wissenschaft kann nachgeprüft werden, was durch Geistesforschung gesagt wird, mit einer halben Wissenschaft nicht. Wenn es auf der einen Seite richtig ist, dass das natürliche Wahrheitsgefühl sich jederzeit von dem überzeugen kann, was der Geistesforscher hervorbringt, so muss auch gesagt werden, dass dieses Wahrheitsgefühl auch gegenüber dem Geistesforscher angewendet werden muss. Und hier stehen wir vor dem Irrtum in der Verbreitung.

Man kann diejenigen, welche die Geistesforschung ablehnen, verstehen. Es sind dies noch nicht einmal diejenigen, welche dem Geistesforscher Sorge machen. Solche fühlen doch manchmal die Verpflichtung zu prüfen, und es wird für sie schon einmal die Zeit kommen, wo sie aus ihrem Gefühl, prüfen zu müssen, das einsehen, was viele schon eingesehen haben. Nicht um Gegner solcher Art ist der Geistesforscher besorgt, viel mehr Sorge machen ihm manche seiner Bekenner.

So wahr es ist, dass manche Menschen ohne Grund ablehnen, so wahr ist es auch, dass viele Menschen sich ohne Grund zu Bekennern machen, einfach auf das hin, was man Autoritätsglauben nennt. Daher kommt es, dass viele gar nicht den *gesunden Menschenverstand* anwenden.

Für solche Menschen gibt es gar keine Möglichkeit zu unterscheiden zwischen dem Scharlatan, der alles Mögliche redet, wovon er nichts weiß, und demjenigen, der mit Gewissenhaftigkeit zu forschen versteht.

Für den gesunden Verstand kennt man immer diese beiden Erscheinungen. Man weiß, dass beides immer nebeneinandergegangen ist und die Menschen wenig geneigt waren zu unterscheiden. Moralisch nicht feststehende Menschen sind deshalb einer gewissen Gefahr ausgesetzt, denn sie unterliegen der Versuchung.

Seinen Grund hat dies darin, dass der Geistesforscher und jeder, der in die Geisteswelt hineinschauen kann, als etwas ganz Besonderes angesehen wird. Das ist ein ungesundes Urteil in der Verbreitung der Geistesforschung. Denn dadurch, dass jemand in die Geisteswelt hineinsieht, ist er nichts weiter als ein Forscher auf diesem Gebiet. Nur ist das, was hier zu erfahren ist, viel wichtiger, als was auf anderen Gebieten erforscht werden kann.

Aber der Mensch ist kein anderer oder höherer oder besserer Mensch dadurch. Und wenn man berücksichtigt, dass der Tor seine Torheit und der Gescheite seine Gescheitheit da hineinträgt, so wird man jemanden, der aus der Geistesforschung etwas mitzuteilen weiß, nicht für ein höheres Wesen halten. Man kann ihn danach beurteilen, was er mit anderen gemeinsam hat.

Der Wert des Menschen liegt in seiner moralischen Seelenverfassung. Wer das Leben der Seele im geistigen Sinne erkennt, der wird wissen, wie die Sehnsucht der menschlichen Seele, der Trieb der menschlichen Natur gerade nach den Lösungen hingeht, die eigentlich nur aus der Geisteswissenschaft heraus gegeben werden können.

Umso mehr ist es notwendig, dass diese in gesunder Weise sich verbreitet. Denn sie soll dem Menschen die Möglichkeit geben, sein Schicksal zu verstehen, damit aber auch die Möglichkeit, sein Schicksal in entsprechender Art zu erleben, damit er nicht haltlos im Leben steht.

Das, was uns Geistesforschung zu geben vermag, ist Lebensweisheit, die uns zum Dasein stärkt und kräftigt. Derjenige, dem die Stärkung und die Kräftigung der Geisteswissenschaft fehlen, der wird sehen, dass ihm auch Stärke und Kraft zum Leben überhaupt nach und nach fehlen.

Geistesforschung wird immer mehr und mehr eine Notwendigkeit der Zeit werden. Umso mehr liegt die Notwendigkeit vor, die Quellen der Wahrheit und des Irrtums zu erkennen.

Wenn der Mensch sich auf solche Richtungen und Gedanken einlässt, wie sie heute nur skizziert werden konnten, dann gelangt er zu dem, was diese Geistesforschung der Geisteskultur immer mehr und mehr wird sein können. Und das wird ihn innerlich stärken in der Anerkennung dieser Forschung, in dem Durchdrungensein von der Wahrheit dieser Forschung.

Und er wird ruhig gegenüber denjenigen, die auf diese Forschung nicht eingehen wollen. Er bleibt ruhig, sodass uns diese seine Ruhe als das Zeichen der gleichmäßig erlangten Überzeugung durch die Geisteswissenschaft erscheint.

Dann versteht er, wenn er in die Dinge selbst hineingeschaut und -gedacht hat, die Worte, mit denen wir die heutige Betrachtung schließen wollen als mit einem empfindungsgemäßen Abschließen. Denn das Beste, womit Geisteswissenschaft abschließen kann, ist das, was sich zusammenschließen lässt in eine Empfindung.

«Wahrheit und Irrtum» wird selten so beschaut wie alles, was Geisteswissenschaft und ihre Kraft erschüttern kann. Demgegenüber müssen wir so stehen, wie etwa Goethe einer Sache gegenübergestanden hat. Das lässt sich vergleichen mit der Art, wie der Geistesforscher sich zu den Gegnern der Geistesforschung verhält.

Goethe hat sich einmal mit einer großen (gewissen?) philosophischen Schule auseinandersetzen müssen, welche die Bewegung leugnet, sodass die Menschen sagten, es gibt keine Bewegung. Goethe, der von der Wesenlosigkeit solcher Anschauungen durchdrungen war, der fand Worte, die treffend aus einem gesunden Wahrheitssinn das widerlegen. Er sagte:

> Es mag sich Feindliches ereignen,
> Du aber bleibe ruhig, bleibe stumm,
> Und wenn sie die Bewegung leugnen,
> Tanz ihnen vor der Nas' herum.

Wer Geistesforschung in richtiger Weise versteht, kann sich gegenüber den Widerlegungen der Geistesforschung in ähnlicher Weise wie Goethe hier verhalten.

Anhang

Wahrheit und Irrtum in der Geistesforschung

Bern, 16. Dezember 1912

Die Wissenschaft vom Geiste hat ihrer Natur nach mit bedeutsamsten Rätseln des Lebens zu tun, nicht bloß mit denen der einzelnen Wissenschaften, sondern Rätseln, die uns auf Schritt und Tritt im Leben begegnen, die nicht nur unseren Forschungssinn befriedigen, sondern die mit Kraft, Sicherheit, Hoffnung unseres Gemüts zu tun haben.

(Ein) Mensch bei Geburt (Tatsache) schon zu Unglück in (der) Wiege verurteilt mit wenig Fähigkeiten ausgestattet, dass er sich selber in vieler Beziehung das Leben erschwert. Dann sieht man (einen) anderen, dem sorgende Hände alles erleichtern, dass er nützliches Glied im Leben sein wird.

Warum ist es so? (Wir) trauen uns nicht immer, aufzuwerfen, dieses Warum, das in Tiefen unserer Seele liegt. Da wo wir mit Sicherheit im Leben zu handeln (haben), da taucht diese Frage doch auf.

Und dann die andere Frage: Wie steht es mit unserem Denken, Fühlen und Wollen, wenn (wir) durch Pforte des

Todes gehen? Gibt es nichts, das uns Sicherheit böte? Vielleicht sagt der, der mit Liebe, Hilfewunsch (das) Schicksal des Menschen überblickt, dass er gerne alles gäbe, was er geleistet im Leben, für Klarheit über Tod.

Aber es gibt etwas in unseren Seelentiefen und -dunkel, das uns etwas darüber erahnen lässt, wie lawinenmäßig zuweilen. Mit gewisser(?) Sicherheit fühlen, das was wir uns erobert am Intimsten im Leben, nicht verloren gehen kann. Unabhängig von unseren persönlichen Wünschen kann sich diese Frage beantworten lassen, denn unsicher würde auch an ganzer Erinnerung(?) des Lebens, sollte alles Eroberte mit (dem) Tod verschwinden. Daher keine wichtigere Frage also als diese Beiden: Fragen nach (dem) individuellen Schicksal und Unsterblichkeit, die zwei Pole des Jenseits.

Ein jeder fühlt, er muss das Gebiet des Übersinnlichen überschreiten, will er sich Aufklärung holen über diese Fragen.

Kein gefährliches Gebiet, wenn [nicht?] an ungenaue Quellen getreten wird. Daher Gebiet wichtig, Wahrheiten und Irrtümer. Wie *Wahrheit* und *Irrtum* wirken können auf Publikum zu beobachten. Antwort durch Hinblick auf die Quellen. Wo liegen sie?

(Die) Seele selbst muss Instrument werden. Umgestaltung durch besondere Art von Selbsterziehung, nicht durch äußere Maßnahmen. Mancherlei (ist) notwendig.

Zunächst Betrachtung von Wachen und Schlafen. (Wir) fühlen wie Herrschaft über Sinne schwindet. (Es) tritt an Stelle der Verbindung mit Außenwelt: Bewusstlosigkeit des Schlafes. Also (die) Seele kann sich des Leibes, ihres Instruments, nicht mehr bedienen. Alle Gefühle etc. schwinden nicht, sie sind da, doch (die) Seele weiß nicht von ihnen. (Die) Seele braucht (den) Leib, wenn (sie) von ihren eigenen Zuständen wissen will, wenn das Bewusstsein sich entwickeln soll. (Die) Seele ist eben zu schwach, kann ihre eigenen Kräfte nicht ins Bewusstsein heraufrufen.

Nehmen (wir) dies als Hypothese an. Nehmen (wir) an, es gäbe Mittel, diese Bewusstlosigkeit bei (der) Seele (zu) verhindern. Was (die) Seele unternehmen muss, will sie hellseherische Kräfte entwickeln, das gibt ihr (die) Möglichkeit, diese Bewusstlosigkeit zu überwinden.

(Das) Mittel ist die *Meditation.* Willen aufbringen (gegenüber) allem Fühlen, Eindrücken, (die) die Sinne empfangen.

Vorstellung paradoxer Art: Zwei Gläser, leer und halbvoll Wasser. Keine äußerliche Abbildung. Sich dieser Vorstellung hingeben, in (der) Seele lebendig werden lassen. Muss sinnbildliche Vorstellung sein, wenn erinnert an moralische Tatsache. Eigentümlichkeit der Liebe: Ihr Wesen (ist) unergründlich. (Durch) Taten echter Liebe wird nicht leerer, ja voller (und) reicher, und (die) Seele wird dadurch angestrengt, wird zu Instrument des Geistes. (Dem) richtigen Zustand des Schlafes ähnlich, doch mit bildlichen Vorstellungen, die aus (den) Untergründen der Seele aufsteigen. In abnormen Zuständen kann (die) Seele diese Bilder erleben, und Seligkeit empfinden. Der wahre Wahrheitsforscher wird diese Seligkeit von sich stoßen. Man weiß wie schwer man (es hat), einem Menschen, der dem Wahn hingegeben, ihm seine Visionen, Halluzinationen auszureden. (Die) Seele muss so stark werden, dass eine zweite Welt an sie herantritt, und sich sagen können: Du darfst das alles als nichts anderes als Spiegelbild deiner Eigenschaften halten. Entschluss fassen: (Wir) haben nichts anderes vor uns als Selbst-Erkenntnis.

(Der) nächste Schritt: Diese ganze Welt wie auslöschen kann, was eine kranke Seele nicht kann, denn sie wird von ihr verfolgt. Geistesforscher gebietet diesen Kräften, die er selber hervorgerufen. (Es) geschieht dann etwas: vergessen ist, was wir an Vorstellungen je gehabt. So muss der Geistesforscher untertauchen die Vorstellungen in die Untergründe der Seele. Wie vergessen ist dann alles. Umwandlung der Seele ist eigentlich Umwandlung der Willenskräfte unserer Seele. Alsdann erst zeigen sich die Bilder, die man von sich gestoßen, als eine reale geistige Welt, wenn (die) Seele ganz ruhig, wie leer sich gemacht. Mannigfaltige Bilderwelt. Wir versuchen dann zu erkennen, was wir darin als uns selber erkennen, drücken [?] sich zurück, die anderen sind ja auch wir, aber wir wissen es nicht. Nun haben sich die Bilder verwandelt, neu wieder auftauchen. Dann heisst es: Das bist ja du, aber doch verschieden, denn wir merken, dass diese Kräfte mit uns zu tun (haben), aus unseren früheren Leben (sind). Da taucht auf das sichere Bewusstsein, dass unser Schicksal ist Ergebnis von früheren Erdenleben. Nachteile fühlen und uns zu höheren Stufen des Daseins erheben.

Wiederholung: Kann bloß Suggestion sein. Vorstellung von Wirklichkeit unterscheiden. Tatsachen müssen am Leben rectifiziert (geprüft) werden. (Eisen: heiss; Limonade: eingebildete löscht keinen Durst.)

Ergebnisse der Geistesforschung bedeutsam für jeden. Ein jeder braucht nicht Geistesforscher werden, wie nicht jeder Chemiker wird. Wahrheit eines Bildes wird ein Beschauer empfinden ohne Maler zu sein. Verstehen kann man durch die Ideen und Begriffe, in die der Geistesforscher diese Wahrheiten kleidet, zugänglich allen, die guten Willens sind. Unbefangenheit, gesunder Menschenverstand bloß notwendig.

Element, das notwendig wird in unserer Kultur. Gibt Sicherheit, innere Ruhe in Schicksalsschlägen. Durch Schauen gewinnt der Geistesforscher nichts – nur wenn er es den anderen durch Begriffe mitteilt. Mag in noch so hohe Geistesgebiete steigen, hat nichts davon für innere Seelen-Ruhe, bloß wenn er es den anderen geben kann. Nur so ist Geistesforscher ein vortrefflicher Mensch, ein innerlich glücklicher, wenn (er) das Geschaute in klare Begriffe gießt. Gesunde Logik, gerade Moral, wahre, echte Begriffe muss (der) Mensch hineintragen in übersinnliche Welten, kann sonst Irrtümern aller Art verfallen. Muss sich hier in (der) physischen Welt das alles aneignen, im ganz gewöhnlichen Leben. Warum? Schlimm, wollen viele Geistesforscher werden. Worauf es ankommt, ist dass ein paar Menschen in (der) Welt zu Sehern werden, die moralische Kräfte entwickelt haben. # Je nach seinen(?) moralischen oder unmoralischen (Kräften), wird man entsprechende Kräfte (erlangen). Grosser Mangel im Verbreiten der Geisteswissenschaft: Neigung vieler Menschen den Wissenschaftler (als) etwas Besseres zu nehmen, weil er ein Geistesforscher ist. Leiden in unserer Zeit daraus, dass Menschen zu leicht nicht unbefangen (sind), mit ungenügender Urteilskraft, (mit) halbem Wissen. Vor denen hat sich Geistesforscher zu fürchten. # Denn wer sich nicht Wahrheitssinn und gesunde Urteilskraft angeeignet in der physischen Welt, wird schauen und Unwahrheiten berichten.

Mensch kein wertvollerer Mensch als ein anderer, dass er in übersinnlicher Welt schauen, sondern dass er *vorher* Moral, gesunden Sinn und intellektuelle Kräfte entwickelt.

Wenn Menschen sich dies Schwärmen für solche, die für Geistesforscher gelten, werden sein lassen, wird viel Irrtum diesbezüglich aus der Welt geräumt werden.

Nichts Schlimmeres als Autoritätswahn.

Daher haben sich immer eingeschlichen Scharlataneien, Humbug auch(?) in die Gebiete, wo sich wahre Geistesforschung zeigt, durch Autoritätswahn hervorgerufen.

Scharfe Grenze lässt sich ziehen zwischen Wahrheit [Seitenwechsel. Nächste Seite(n) nicht vorhanden].

[Fragenbeantwortung]

Alle Menschen ausser einer Zahl(?) schwarzer Magier werden Christus Impuls empfangen.

Erkenntnis des Christus Impulses (ist) geisteswissenschaftliche Tatsache, hat nicht mit Religionsbekenntnis zu tun.

Im Astralleib und Ich des Menschen ist das Geistige der Sonnenstrahlen. Im Magischen wirken (sie) so, dass der Mensch zu (einer) Art Selbstleuchten, Selbstwärmen (gelangt). Der in der Jugend gelernt, zu beten, ausstrahlender Mensch im Alter, Macht zum Segnen in älteren Zeiten.

Scherzlüge: Reiz, dass der andere durchschaut, was man meint. Auf dieser Bahn der Aprilscherz. Ganze Klasse. – Wie Karma herankriecht, greifbar bei Scherzlügen. Die Sache steht also fast nie hier allein. – Wenn sich nicht auf einmal ausgleicht, muss karmisches Ausgleichen später (erfolgen). Kann innerliche Folgen haben, wenn Eitelkeit und Ehrgeiz sich karmisch rächen.

Wie ist es mit *Diebstahl?* Leben nach dem Tod: (Die) Seele verstärkt ihre Kräfte in Nähe des Beschädigten. Diebstahl oder Mord, weil (sie) dadurch Möglichkeiten aufnimmt, es karmisch wieder gut zu machen. Schon oft im physischen Leben hereinleuchtet, denn Mörder kehren oft wie gezwungen an Ort des Mordes zurück.[2]

2 Diese handgeschriebenen Notizen enden mit dem Festhalten einer Adresse: «S. Jakobstor 27c / St. Gallen / hintere Fereienstein(?)».

Zu dieser Ausgabe

Diese Vorträge werden hier zum ersten Mal veröffentlicht. Ende 1912 und Anfang 1913 hielt Rudolf Steiner zahlreiche öffentliche Vorträge in verschiedenen Städten unter dem Titel: «Wahrheiten und Irrtümer der Geistesforschung».

Von den zwei Kölner Vorträgen und von dem Vortrag in Leipzig ist je eine maschinengeschriebene Klartextübertragung vorhanden. Die Fragenbeantwortung Köln, 3.01.1913 ist nur geringfügig redigiert worden.

Der Berner Vortrag vom 16. Dezember 1912 ist in einer handgeschriebenen Nachschrift erhalten. Diese Vorlage geht nicht auf ein Stenogramm zurück. Der Verfasser hat sich geschickt mit einer Anzahl von Abkürzungen geholfen, was die Entzifferung sehr schwierig macht. Die Redaktion ist in diesem Fall sehr zurückhaltend gewesen: Das in Klammern Gesetzte will entweder dem Verständnis dienen oder auf Unklarheiten hinweisen.

Band 69a der Rudolf Steiner Gesamtausgabe, *Wahrheiten und Irrtümer der Geistesforschung* (Dornach, 2007), enthält auf S. 328-9 ein «Verzeichnis der Vorträge über ‹Wahrheiten und Irrtümer der Geistesforschung›». Die zwei Kölner Vorträge werden angeführt als für GA 69b vorgesehen. Wie im Impressum erwähnt, macht der Archiati Verlag in Bezug auf Texte Rudolf Steiners keine Rechte geltend – auch nicht das Erstveröffentlichungsrecht. Zum

Vortrag vom 11. Januar 1913 in Leipzig heißt es in GA 69a, dass nur «Notizen» zur Verfügung stehen. Dem Archiati Verlag steht hingegen wie im Fall der Kölner Vorträge eine vollständige Klartextübertragung zur Verfügung. In Bezug auf den Vortrag in Bern am 16. Dezember 1912 heißt es, dass «keine Nachschrift», folglich auch keine Notizen, dem Rudolf Steiner Archiv vorliegen.

Die Vorträge Rudolf Steiners

Rudolf Steiner hat einige Tausend Vorträge, zahlreiche von ihnen öffentlich, vor den unterschiedlichsten Menschengruppen gehalten. Sie waren nicht für den Druck bestimmt, aber viele Menschen wollten seine Vorträge auch lesen. Dazu schreibt er in *Mein Lebensgang* (Kap. XXXV): *«Es wird eben nur hingenommen werden müssen, daß in den von mir nicht nachgesehenen Vorlagen sich Fehlerhaftes findet.»*

In einer Zeit ohne Tonbandgeräte war der Weg vom gesprochenen Wort zum gedruckten Buchstaben nicht einfach. Verschiedene Zuhörer haben mit unterschiedlicher Geschicklichkeit stenografiert, dann das Stenogramm in Klartext übertragen und unter Umständen redigiert. So heißt es zum Beispiel in GA 137 (HDD2004, S. 233): *«Diese Ausgabe basierte auf der stenographischen Mitschrift von Franz Seiler, Berlin, welche im Auftrag Marie Steiner-von Sivers für den Druck korrigiert bzw. bearbeitet worden ist von Adolf Arenson.»* Eine solche Bearbeitung enthält zuweilen auch Erläuterungen oder Ergänzungen, die nicht von Steiner stammen.

Heute, ein Jahrhundert später, ist Rudolf Steiner zur historischen Figur geworden. Für viele Menschen ist nicht mehr wichtig oder maßgebend, was er in Bezug auf seine Vorträge während seines Lebens verfügt hat oder auch hinnehmen musste. Heute geht es darum, die «Quellenlage» zu erforschen und die vorhandenen Unterlagen interessierten Menschen zugänglich zu machen.

Alle redaktionellen Entscheidungen in dieser Ausgabe sind mit der Überzeugung getroffen worden, dass alle Menschen auf der Welt das Recht haben, alle Unterlagen zu prüfen, die dem Redakteur zur Verfügung standen. Es ist keineswegs zufällig, sondern es gehört vielleicht zum wichtigsten Karma der Menschheit, welche Nachschriften der Vorträge Rudolf Steiners erhalten geblieben sind. Nicht wenige Menschen sind heute daran interessiert, möglichst genau zu erfahren, was Rudolf Steiner gesagt hat.

Sie möchten daher wissen, welche von den vorhandenen Unterlagen dem von Rudolf Steiner gesprochenen Wort am nächsten stehen. Um dies zu ermitteln, sind eine gewissenhafte Prüfung der Unterlagen und eine Vertrautheit mit Steiners Denk- und Sprechweise erforderlich.

Der Archiati Verlag ist bestrebt, einerseits so nah wie möglich an das von Rudolf Steiner Gesprochene heranzukommen und andererseits seine Geisteswissenschaft allen Menschen zugänglich zu machen, da es in ihrer Natur liegt, zum unmittelbaren Leben zu werden. Für das Erste sind die Original-Klartextübertragungen wichtig, für das Zweite sind unter anderem die Wahl der Texte und die Art der Redaktion, aber auch die Gestaltung und nicht zuletzt der Preis maßgebend.

Wie man wissenschaftliche Genauigkeit mit allgemeiner Zugänglichkeit verbinden kann, zeigt sich am Beispiel von Wörtern, die heute ungebräuchlich sind oder eine andere Bedeutung angenommen haben. Sie werden durch ein allgemein verständliches Wort ersetzt und mit einem hochgestellten kleinen Kreis (°) kenntlich gemacht – zum Beispiel beziehungsweise° für respektive, Klammer° für Parenthese, Westen° für Okzident. Am Ende des Textes findet der Leser die Liste der ersetzten Worte. Fremd- oder schwer verständliche Wörter werden zuweilen auch in Klammern «übersetzt». Der gebildete, über die Verbreitung einer modernen Geisteswissenschaft sich freuende Leser wird es begrüßen, dass solche Texte auf diese Weise möglichst vielen Menschen zugänglich gemacht werden.

Als Rudolf Steiner die Theosophische Gesellschaft verlassen musste, gab er die Anweisung, dass in seinen Vorträgen «Theosophie» und «theosophisch» durch «Anthroposophie» und «anthroposophisch» ersetzt werden. Es könnte jemand die Meinung vertreten, dass das eine Fälschung sei. Für Rudolf Steiner ist aber Geisteswissenschaft vor allem *Leben,* und um dem Leben zu dienen muss man in Bezug auf die Terminologie beweglich bleiben. Immer wieder betonte er, dass die Terminologie reines Mittel zum Zweck ist.

Fachausdrücke der Geisteswissenschaft

Mensch- und Erdentwicklung

7 planetarische Zustände der Erde	1. Saturn-, 2. Sonnen-, 3. Mond-Erde, 4. Erde (jetziger Planet), 5. Jupiter-, 6. Venus-, 7. Vulkan-Erde
7 geologische Epochen der jetzigen Erde	1. Polarische, 2. hyperboräische, 3. lemurische Erdepoche 4. atlantische Erdepoche, 5. nachatlantische (die jetzige), 6., 7. Erdepoche
7 Kulturperioden der «nachatlantischen» Zeit (je 2160 Jahre)	1. Indische, 2. persische, 3. ägypt.-chaldäische Kulturper. 4. griech.-römische Kulturperiode (747 v.–1413 n.Chr.); 5. unsere Kulturper. (1413–3573 n.Chr.), 6., 7. Kulturper.

Wesen des Menschen

3 Körper-Hüllen	1. Physischer Körper 2. Ätherischer Körper, Ätherleib, Bildekräfteleib 3. Astralischer Körper, Astralleib, Empfindungsleib
3 Seelen-Kräfte	1. Empfindungsseele 2. Gemüts- oder Verstandesseele 3. Bewusstseinsseele
3 Geistes-Glieder	1. Geistselbst (höheres Ich) 2. Lebensgeist 3. Geistesmensch
Aus 9 wird 7	1. Physischer Leib, 2. Ätherleib, 3. Astralleib, 4. Ich, 5. Geistselbst, 6. Lebensgeist, 7. Geistesmensch

Dreiheit in Mensch und Welt

Geistige Wesen:	Luzifer	Christus	Ahriman
Evangelium:	Diabolos	Streben nach Gleich-gewicht	Satanas
Geistig:	Spiritualismus		Materialismus
Seelisch:	Schwärmerei		Pedanterie
Physisch:	Entzündung		Sklerose
Moralisch:	hemmend	fördernd	hemmend

Naturelemente

Ätherwelt:	Wärmeäther	Lichtäther	Ton-/Zahlenäther	Lebensäther
Phys. Welt:	Wärme	Luft	Wasser	Erde
Unternatur:	Schwerkraft	Elektrizität	Magnetismus	Atomkraft
Naturgeister:	Salamander	Sylphen	Undinen	Gnome

Stufen der Einweihung

1. Imagination	Bilder sehen – in der Akasha-Chronik (Ätherwelt)
2. Inspiration	Worte hören – in der Seelenwelt (Astralwelt)
3. Intuition	Wesen erkennen – in der geistigen Welt (Devachan)

Rudolf Steiner (1861-1925) hat die moderne Naturwissenschaft durch eine umfassende Wissenschaft des Übersinnlich-Geistigen ergänzt. Seine Geisteswissenschaft oder «Anthroposophie» ist in der heutigen Kultur eine einzigartige Herausforderung zur Überwindung des Materialismus, dieser leidvollen Sackgasse der Menschheitsentwicklung.

Steiners Geisteswissenschaft ist keine bloße Theorie. Ihre Fruchtbarkeit zeigt sie vor allem in der Erneuerung der verschiedenen Bereiche des Lebens: der Erziehung, der Medizin, der Kunst, der Religion, der Landwirtschaft, bis hin zu einer gesunden Dreigliederung des ganzen sozialen Organismus, in der Kultur, Rechtsleben und Wirtschaft genügend unabhängig voneinander gestaltet werden und sich gerade dadurch gegenseitig fördern können.

Von der etablierten Kultur ist Rudolf Steiner bis heute im Wesentlichen unberücksichtigt geblieben. Dies vielleicht deshalb, weil seine Geisteswissenschaft jeden Menschen, der sie ernst nimmt, früher oder später vor die Wahl zwischen Macht und Menschlichkeit, zwischen Geld und Geist stellt. Gerade in dieser Wahl liegt aber jene innere Erfahrung der Freiheit, die jeder Mensch sucht und die der Grundaussage des Christentums zufolge seit zweitausend Jahren allen Menschen möglich ist.

Es liegt in der Natur dieser Geisteswissenschaft, dass sie weder ein Massenphänomen noch eine elitäre Erscheinung sein kann: Einerseits kann sie nur der einzelne Mensch in seiner Freiheit ergreifen, andererseits kann dieser Einzelne in allen Schichten der Gesellschaft und in allen Völkern und Religionen der Menschheit seine Wurzeln haben.